CB050559

OS SEGREDOS
DE ALICE
NO PAÍS DAS MARAVILHAS

BIA FIORETTI

UMA VIAGEM ATRAVÉS DO CORPO FEMININO

HORMÔNIOS, MENSTRUAÇÃO E AUTOCONHECIMENTO

Editora Senac São Paulo – São Paulo – 2021

PARA: LÍVIA, PEDRO, MARIO, ADRIANA, MÁRCIA, DAPHNE, LAURA, CARLA, CARMEN SIMONE, LÚCIA, JULIANA, MARCELA, LUIZA, BIA, GIULIA, ANA CARMEN, THAIS, RENATA, GABRIELA, HELENA, THIAGO, FÁBIO, CECÍLIA, GUILHERME, JOÃO, MARIA ANTÔNIA, MIRELLA, ENZO, JULIA, LAURA, ESTELLA, SHEILA, PATRÍCIA, AMANDA, OLÍVIA, VÍVIAN E SUZANNE, LAYLA, JEFFERSON, NATHALIA, ANA BÁRBARA, ANA, REHUNA, GRUPO MULHERES DO BRASIL, REGINA, MARIA CAROLINA E VERA.

OS SEGREDOS

Desde 1865, as aventuras extraordinárias da menina Alice conquistaram muitos admiradores, como a rainha Victoria da Inglaterra e o poeta irlandês Oscar Wilde, que eram fãs dessa história. O mundo de fantasia de *Alice no País das Maravilhas* ultrapassou fronteiras e continua a fascinar leitores até hoje.

DE ALICE

(no país das maravilhas do corpo feminino)

A obra, escrita pelo inglês Lewis Carroll (que na verdade se chamava Charles Lutwidge Dodgson) e ilustrada por John Tenniel, foi lançada originalmente pela editora Macmillan & Co, com o título *Alice in Wonderland*. A história de Alice está entre as mais publicadas da literatura mundial. Reimaginar essa história de uma maneira diferente, no universo do nosso corpo, é o convite deste livro que está em suas mãos.

NÃO É UM CONTO DE FADAS!

NÃO COMEÇA COM “ERA UMA VEZ...”.

ALICE NÃO É PRINCESA!

ELA NÃO PRECISA TER

UM RELACIONAMENTO EMOCIONAL

COM OUTRA PESSOA PARA A HISTÓRIA

TER UM FINAL FELIZ.

É A
JORNADA DE
TODA PESSOA
CURIOSA,
CORAJOSA,
INDEPENDENTE
E COM OPINIÃO
PRÓPRIA.

NA REALIDADE, ESTE LIVRO É UMA VIAGEM AO UNIVERSO FEMININO PELA HISTÓRIA DA ALICE E DOS SEUS AMIGOS.

É UM LIVRO PRA GENTE SE RECONHECER MELHOR.

NESTA HISTÓRIA, QUALQUER

PESSOA PODE SER ALICE.

ESTE É UM CONVITE

PARA DESPERTAR UMA AMIGA ALICE PARA VOCÊ

A PARTIR DE UM NOVO PONTO DE VISTA...

CHEIO DE DICAS E SEGREDOS SOBRE O NOSSO CORPO.

lagarta_sabida
página 88

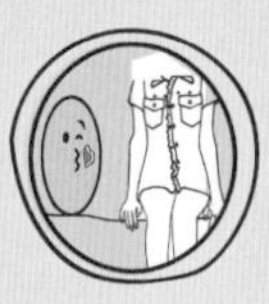

ovo_infantil
página 104

sorrisodogatodealice
página 120

o_chapeleiro_
maluco
página 147

rainha_de_copas
página 178

A história original de *Alice no País das Maravilhas* pode ser um pouco complexa...

No primeiro capítulo, Alice estava começando a ficar muito cansada de estar sentada ao lado de sua irmã

"para que serve um livro", pensou Alice, "sem figuras nem diálogos?". Então, ela pensava consigo mesma (tão bem quanto
que o esforço de ter de levantar e colher as margaridas, quando subitamente um Coelho Branco com olhos cor-de-rosa pa
para si mesmo "Oh puxa! Oh puxa! Eu devo estar muito atrasado!" (quando ela pensou nisso depois, ocorreu-lhe que dev
para ele, apressando-se a seguir, Alice pôs-se em pé e lhe passou a ideia pela mente, como um relâmpago, que ela nunca
campo atrás dele, a tempo de vê-lo saltar para dentro de uma grande toca de coelho embaixo da cerca. No mesmo instante,
repentinamente. Tão repentinamente que Alice não teve um momento sequer para pensar antes de já se encontrar caindo
seu redor e para desejar saber o que iria acontecer a seguir. Primeiro, ela tentou olhar para baixo e compreender para onde
prateleiras; aqui e ali ela viu mapas e quadros pendurados em cabides. Alice apanhou um pote de uma das prateleiras ao pa
de machucar alguém que estivesse embaixo e por isso precisou fazer algumas manobras para recolocá-lo em uma das prat
vão achar que eu sou corajosa! Porque eu não vou falar nada, mesmo que caia de cima da casa!" (O que era provavelmente
ela disse em voz alta. "Eu devo estar chegando em algum lugar perto do centro da Terra. Deixe-me ver. Até aqui eu já de
oportunidade de colocar para fora seu conhecimento, mesmo não havendo ninguém para ouvi-la, ainda assim era bom prat
ou Longitude tampouco, mas ela pensava que eram boas palavras para dizer.) Logo ela começou novamente: "Eu queria sab
s antipáticos, eu acho... (ela estava menos triste que não houvesse ninguém ouvindo agora, porque aquela não soou com
Ou Austrália? (e ela tentou fazer uma reverência enquanto falava — tentar fazer uma reverência enquanto se cai no ar! Vo
alvez eu possa ver o nome escrito em algum lugar". Para baixo, para baixo, para baixo. Não havia nada mais a fazer, entã
embrem de dar-lhe leite na hora do chá. Dinah, minha querida! Eu queria que você estivesse aqui comigo agora. Não há
comem morcegos?" E aqui Alice começou a ficar sonolenta e continuou falando para si mesma, de uma maneira sonhador
as duas questões, portanto não importava muito de que maneira ela as colocava. Alice sentiu que estava cochilando e c
já comeu um morcego?", quando, subitamente, thump! thump!, caiu sobre uma pilha de gravetos e folhas secas e a queda
sobre sua cabeça, diante dela havia outro grande túnel e o Coelho Branco ainda estava à vista, apressado. Não havia nem
e minhas vibrissas [bigodes], como está ficando tarde!". Alice estava bem atrás dele quando dobrou a esquina, mas aind
lâmpadas penduradas no teto. Havia portas por toda a volta do aposento, mas estavam todas trancadas, e, depois que Ali
daquela. De repente, encontrou uma pequena mesa de três pés, toda feita de vidro sólido; não havia nada sobre ela senão
as fechaduras são muito grandes, ou a chave, muito pequena, mas de qualquer maneira não iria abrir nenhuma das portas
de aproximadamente 40 centímetros: a menina colocou a pequena chave dourada na fechadura e, para seu grande prazer
avistou o mais adorável jardim que jamais vira. Como ela gostaria de sair daquela sala escura e passear por entre aquele
que a minha cabeça passasse", pensou a pobre Alice, "teria pouca utilidade sem meus ombros. Oh! Como eu desejo pode
acontecido ultimamente que Alice começara a pensar que muito poucas coisas eram na verdade realmente impossíveis. Na

DEU PRA ENTENDER?

ada para fazer: uma vez ou duas ela dava uma olhadinha no livro que a irmã lia, mas não havia figuras ou diálogos nele, e naquele dia quente que a deixava sonolenta e estúpida) se o prazer de fazer um colar de margaridas era mais forte perto dela. Não havia nada de muito especial nisso, também Alice não achou muito fora do normal ouvir o Coelho diz ado estranho, mas na hora tudo parecia muito natural); mas, quando o Coelho tirou um relógio do bolso do colete e olho um coelho com um bolso no colete e menos ainda com um relógio para tirar dele. Ardendo de curiosidade, ela correu pe atrás dele, sem pensar como faria para sair dali. A toca do coelho dava diretamente em um túnel e, então, aprofundava-se ia ser bastante fundo. Ou aquilo era muito fundo ou ela caía muito devagar, pois a menina tinha muito tempo para olhar ao mas estava escuro demais para ver alguma coisa; então, ela olhou para os lados do poço e percebeu que ele era cheio de etiquetado "GELEIA DE LARANJA", mas para seu grande desapontamento estava vazio. Ela não jogou o pote fora por medo ", pensou Alice consigo mesma. "Depois de uma queda dessas, eu não vou achar nada se rolar pela escada! Em casa eles ara baixo, para baixo, para baixo. Essa queda nunca chegará ao fim? "Eu adoraria saber quantas milhas eu caí até agora, milhas, eu acho..." (Você vê, Alice aprendeu uma porção desse tipo de coisas na escola e pensou que seria muito boa a cho que está correto, mas em que Latitude e Longitude estaríamos?" (Alice não tinha a mais leve ideia do que Latitude era, so cair direto através da Terra! Como seria engraçado surgir entre as pessoas que caminham com suas cabeças para baixo correta), mas eu tenho que lhes pedir que digam o nome do país deles, sabe. Por favor, madame, aqui é a Nova Zelândia poderia controlar isso?) Ela iria pensar que eu sou uma garotinha ignorante por perguntar! Não, não vou perguntar nunca ou a falar novamente. "Dinah vai sentir muito a minha falta esta noite, eu acho (Dinah era a gatinha). Espero que eles se u temo, mas você poderia pegar um morcego, e eles são tão parecidos com os ratos, você sabe. Mas será que os gatos em morcegos?" e, às vezes, "Morcegos comem gatos?". Como vocês podem ver, ela não conseguia responder a nenhuma nar que caminhava de mãos dadas com Dinah e falava com ela bem seriamente: "Então, Dinah, diga-me a verdade... você não estava nem um pouco machucada e pôde saltar sobre os pés num instante: olhou para cima, mas estava tudo escuro a perder! Lá se foi Alice como vento, exatamente a tempo de ouvi-lo dizer, quando virava a esquina: "Oh! Minhas orelhas avistar o coelho. A menina encontrou-se então, em um comprido e baixo aposento, que era iluminado por uma fileira de uma a uma, tentando cada porta sem sucesso, ela voltou tristemente para o centro do quarto, pensando sobre como sairi a chave dourada, e a primeira ideia de Alice foi de que ela deveria pertencer a uma das portas da sala; "mas, ai de mim!, ou na segunda tentativa, Alice encontrou uma cortina que não havia percebido antes, e atrás dela existia uma pequena porta Alice abriu a porta e viu que dava para uma pequena passagem, não muito maior que um buraco de rato: ela ajoelhou-se flores viçosas e aquelas fontes geladas... mas ela nem mesmo conseguia fazer passar sua cabeça pela porta; "e mesmo no um telescópio. Eu acho que poderia, se ao menos soubesse como começar". Vejam só, tantas coisas estranhas tinham sentido em ficar esperando ao lado da portinha e então Alice voltou em direção à mesa, com esperança de poder encontrar

Então, deixa eu dar uma resumida...

Alice está deitada ao lado da IRMÃ, que lê um livro em voz alta, quando vê um COELHO BRANCO correndo com um relógio na mão. Tentando descobrir de que se tratava, ela sai correndo e cai dentro de um túnel. Ao chegar ao fundo, Alice encontra uma minúscula porta trancada, mas entende que para seguir sua aventura precisa atravessá-la. Depois de tomar um elixir que a deixa pequenina e de comer um bolo que a transforma em gigante, a personagem consegue entrar em um mundo inimaginável. Nesse universo, ela fica amiga de um RATO, descobre a CASA DO COELHO, é indagada pela LAGARTA AZUL, por um OVO bem infantil, um GATO inglês com o poder de desaparecer e um CHAPELEIRO MALUCO que servia chá sem parar. Infelizmente, nem tudo é perfeito... Alice também se depara com um lindo jardim de rosas que estavam sendo pintadas a mão por cartas de baralho e conhece a desequilibrada RAINHA DE COPAS, que quase a faz perder a cabeça de verdade.

Nesta história vamos precisar entender quem são os personagens.

"É primavera, Alice está entediada, ao lado da irmã, que lê um livro em voz alta..."

QUANTAS VEZES ALGUÉM LHE CONTOU UMA HISTÓRIA?

UMA HISTÓRIA SOBRE ALGUÉM DA SUA FAMÍLIA OU SOBRE ALGUMA AMIGA?

É MUITO BOM CONVERSAR COM UMA AMIGA, COM DUAS OU VÁRIAS.

CONVERSAR, INTERAGIR EM UMA RODA DE CONVERSA É UMA TRADIÇÃO DESDE QUE O MUNDO É MUNDO. É DESSA FORMA QUE AS MULHERES COMPARTILHAM SEUS CONHECIMENTOS E APRENDEM A CUIDAR DO PRÓPRIO CORPO. PODE SER COM MÃE, AVÓ, IRMÃ, PRIMA, TIA OU OUTRO PARENTE, PROFESSORA, VIZINHA, AMIGA...

COM QUEM VOCÊ GOSTA DE CONVERSAR? PARA QUEM CONTA SUAS HISTÓRIAS? COM QUEM VOCÊ DESABAFA E CONFIA SEUS SEGREDOS?

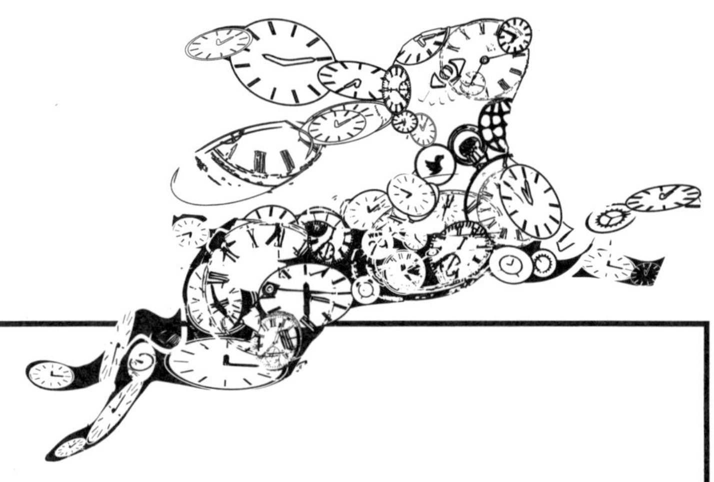

Um COELHO BRANCO apressado passa correndo diante da Alice. Ela nunca havia visto um coelho olhando para um relógio! Esse personagem aparece com a missão de atrair Alice para uma nova aventura em um mundo desconhecido. Ele tem urgência para tudo. É dono de uma energia nervosa, sempre no compasso do tempo, um elemento muito importante para ele. Por isso, é tão exigente e rígido com Alice.

DE REPENTE,

ALICE VÊ UM COELHO

BRANCO DE OLHOS

VERMELHOS OLHANDO

PARA UM RELÓGIO...

VOCÊ JÁ PAROU PARA PENSAR POR QUE ALICE NUNCA TINHA VISTO O COELHO ANTES?

coelho_branco_alice

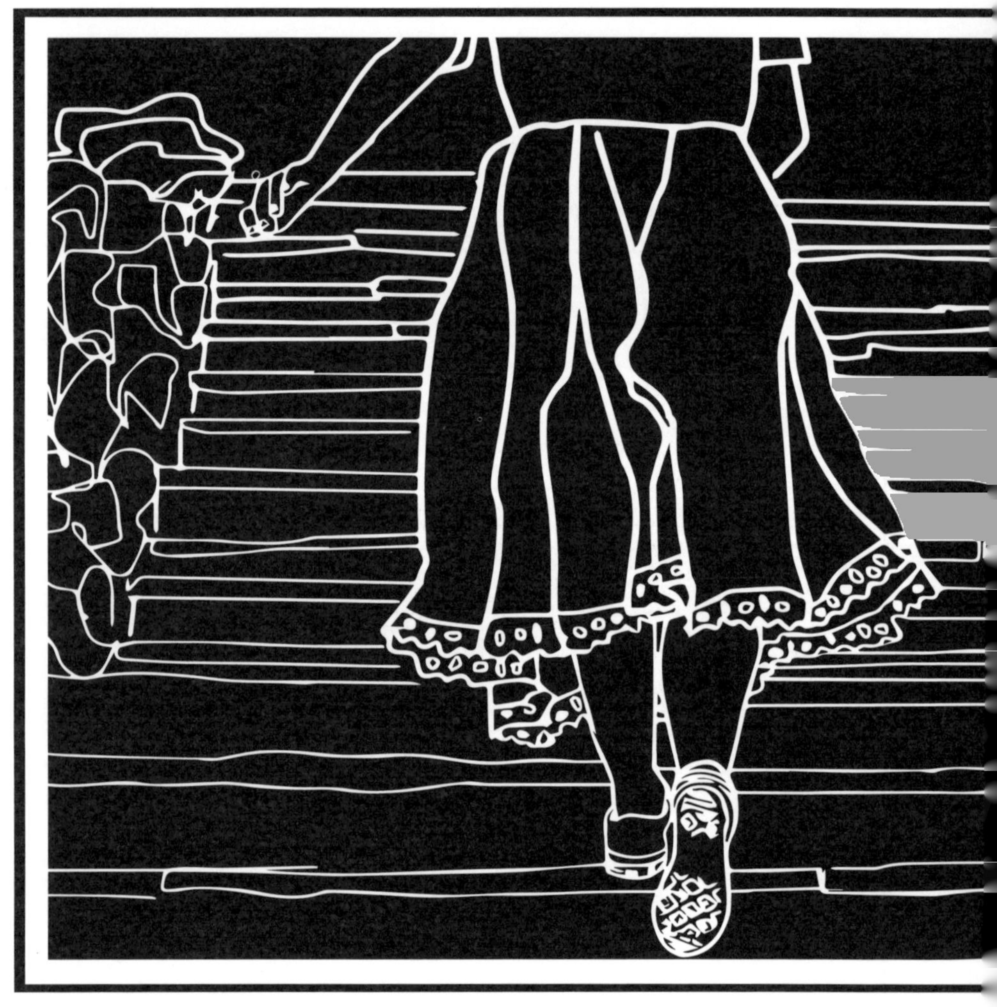

VENCIDA PELA CURIOSIDADE, ELA SAIU CORRENDO ATRÁS DO COELHO E O VIU ENTRANDO EM UM BURACO. SEM PENSAR NO QUE A ESPERAVA DO OUTRO LADO, A MENINA MERGULHOU EM UMA VIAGEM QUE MUDARIA SUA VIDA PARA SEMPRE.

A TOCA SEGUIA RETA, COMO UM TÚNEL.

SEM PERCEBER, ALICE MERGULHOU EM UM

POÇO MUITO PROFUNDO...

E FOI CAINDO...

BEM DEVAGAR,

OLHANDO TUDO À SUA VOLTA,

E FOI CAINDO...

CAINDO

CAINDOO

CAINDOOO

CAINDOOOO

CAINDOOOOO

ALICE NÃO PARECIA ABORRECIDA, COM MEDO OU PREOCUPADA. SÓ OBSERVAVA OS OBJETOS QUE PASSAVAM: QUADROS, MAPAS E LOUÇAS BEM FAMILIARES.

Quanto tempo demorou esta descida? Minutos? Horas? Dias? Anos? Não dá para saber. O importante é entender que o túnel é uma passagem para outro mundo.

ALICE TINHA MANIA DE FALAR
CONSIGO MESMA E SE PERGUNTAVA

se iria atravessar o centro da Terra.

E IA CAINDO, BEM DEVAGAR...
EM ALGUNS MOMENTOS
ADORMECIA, SONHAVA E PENSAVA
NA SUA GATA DE ESTIMAÇÃO.

DEPOIS DE MUITO TEMPO E SEM SE DESEQUILIBRAR, ALICE TOCOU OS PÉS NO CHÃO. ELA OLHOU AO SEU REDOR E PERCEBEU QUE HAVIA CENTENAS DE PORTAS. SURPREENDENTEMENTE, VIU UM COELHO PASSAR APRESSADO E, RECLAMANDO ESTAR ATRASADO, ENTRAR POR UMA DELAS.

ALICE TENTOU,

EM VÃO, ABRIR CADA UMA DAS PORTAS,

PERGUNTANDO-SE COMO SAIRIA DALI.

ELA CONTINUOU PROCURANDO ATÉ QUE ENCONTROU,

SOBRE UMA MESA, UMA MINÚSCULA CHAVE DOURADA.

“Mas, ai de mim!, ou as fechaduras são muito grandes, ou a chave, muito pequena”, disse Alice.

SEM DESISTIR, ALICE PROCUROU ATÉ ENCONTRAR, ATRÁS DE UMA CORTINA, UMA PORTINHA BEM ESCONDIDA QUE MAIS PARECIA UMA TOCA DE RATO.

ELA SE ABAIXOU, COLOCOU A CHAVE NA FECHADURA E, AO ABRIR A PORTA, ENCONTROU O JARDIM MAIS LINDO E PERFUMADO QUE JÁ TINHA VISTO.

"Oh! como eu desejo poder encolher como um telescópio. Eu acho que poderia, se ao menos soubesse como." E fechou a porta.

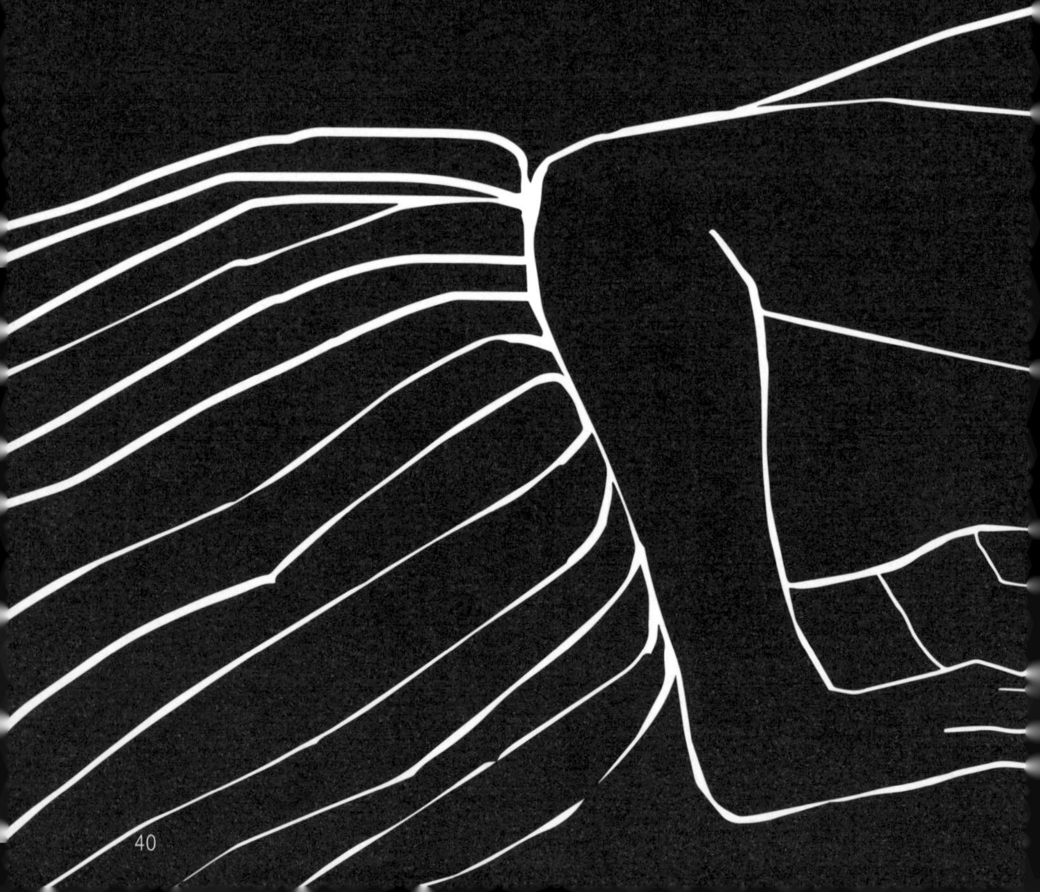

Beba-me

COM TANTAS COISAS ACONTECENDO, ALICE PERCEBEU QUE "IMPOSSÍVEL" ERA UMA PALAVRA QUE NÃO EXISTIA. MAIS UMA VEZ, SAIU À PROCURA DE UMA NOVA SOLUÇÃO. ELA ENCONTROU UMA GARRAFA EM QUE ESTAVA ESCRITO "BEBA-ME". ALICE TINHA CERTEZA DE QUE NÃO SERIA VENENO. SE FOSSE VENENO, ESTARIA ESCRITO "NÃO BEBA, PERIGO!"...

ALICE FOI ENCOLHENDO ATÉ FICAR COM 25 CENTÍMETROS DE ALTURA. EUFÓRICA POR PODER CHEGAR AO JARDIM SECRETO, DESCOBRIU QUE NÃO APENAS A PORTA ESTAVA TRANCADA COMO TAMBÉM HAVIA DEIXADO A CHAVE EM CIMA DA MESA. ELA TENTOU SUBIR PELO PÉ DA MESA, MAS ERA MAIS ESCORREGADIO QUE SABÃO. EXAUSTA, COMEÇOU A CHORAR E CHOROU POR TANTO TEMPO QUE TEVE QUE DAR UMA BRONCA EM SI MESMA.

"'Mas não adianta', pensou a pobre Alice, 'querer ser duas pessoas'."

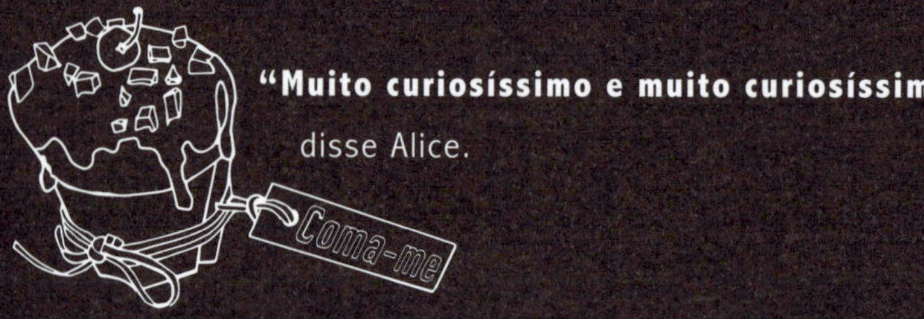

"Muito curiosíssimo e muito curiosíssimo!", disse Alice.

DE QUE ADIANTA CHORAR E NÃO TENTAR RESOLVER OS PROBLEMAS?

EMBAIXO DA MESA, ALICE ENCONTROU UM BOLINHO ESCRITO "COMA-ME". DEPOIS DE TUDO O QUE HAVIA PASSADO, IMAGINOU QUE ALGUMA COISA ACONTECERIA. ELA COMEU E COMEÇOU A CRESCER. CRESCEU TANTO ATÉ BATER SUA CABEÇA NO TETO.

 **coelho_branco_alice**

♡ ♠ ◊ ♣

alice_supermaravilhosa Puxa! Puxa! Como está tudo tão estranho hoje! E ontem as coisas estavam tão normais!

coelho_branco_alice Não se conquista nada com lágrimas!

“‘O que será que mudou à noite? Deixe-me ver: eu era a mesma quando acordei de manhã? Tenho a impressão de ter me sentido um pouco diferente. Mas, se eu não sou a mesma, a próxima questão é: Quem sou eu?’”

ALICE ESTAVA EXPERIMENTANDO MUDANÇAS FÍSICAS E EMOCIONAIS. SENSAÇÕES QUE NUNCA HAVIA TIDO ANTES. ÀS VEZES, ELA ATÉ PENSAVA QUE SUA CORAGEM NÃO ESTAVA SENDO TÃO CORAJOSA, NEM SUA ESPERTEZA TÃO ESPERTA, E QUE TODAS AS RESPOSTAS QUE SEMPRE TEVE NÃO ESTAVAM SERVINDO PRA MUITA COISA NAQUELE MOMENTO. O QUE ELA PRECISAVA ENTENDER ERA QUE AS COISAS REALMENTE ESTAVAM MUDANDO, POR DENTRO E POR FORA.

ESTAVA MUITO DIFÍCIL LIDAR COM TANTAS NOVIDADES...

ALICE VOLTOU A CHORAR. SENTIA-SE TÃO SOZINHA E TÃO GRANDE QUE JAMAIS CONSEGUIRIA PASSAR POR AQUELA PORTINHA. SEM PERCEBER, QUANTO MAIS CHORAVA, MAIS ENCOLHIA.

ALICE RELAXOU E PAROU DE CHORAR, JÁ QUE NÃO ADIANTAVA LUTAR CONTRA AQUELA SITUAÇÃO. DEIXOU-SE LEVAR PELA CORRENTEZA QUE PASSAVA POR UMA FENDA. **AO CHEGAR PERTO, ELA SE DEU CONTA DE QUE ESTAVA TÃO PEQUENA QUE PODERIA PASSAR PELO BURACO DA FECHADURA.** DESSA FORMA, ALICE SAIU DA CAVERNA PARA O LAGO FORMADO POR SUAS LÁGRIMAS. JUNTO DELA NADAVAM VÁRIOS ANIMAIS QUE DEVERIAM ESTAR NO JARDIM DAS MARAVILHAS E TAMBÉM TINHAM SIDO SURPREENDIDOS POR TANTA ÁGUA.

Tudo estava estranho. Alice se agarrou a uma corda para sair do lago de lágrimas, até descobrir que não era uma corda, mas a cauda de um rato que havia escorregado, como ela. Alice percebeu que estava muito pequena.

"'Será que adiantaria...', pensou Alice, 'tentar falar com este rato? Tudo é tão fora do comum aqui que eu posso até pensar que ele pode falar: de qualquer maneira, não há mal em tentar'."

AO SE DEIXAR FLUIR, ALICE ENCONTROU UM NOVO MUNDO QUE, NESTA HISTÓRIA, REPRESENTA UM NOVO MOMENTO NA SUA VIDA: **A MENARCA OU A PRIMEIRA MENSTRUAÇÃO**. ESSA É A MAIOR MUDANÇA NA VIDA DO CORPO FEMININO! A MENARCA É SEMPRE UMA SURPRESA. **MARCA UMA ETAPA IMPORTANTE DA PUBERDADE, UM PROCESSO DE TRANSIÇÃO E MUDANÇAS DO CORPO.** UM RITUAL DE PASSAGEM LEMBRADO PELA VIDA TODA.

 **o_rato_e_o_lago**

o_rato_e_o_lago Sentem-se, todos vocês, e ouçam-me! Eu vou fazê-los secar.

segredosdealice Eles sentaram-se então em círculo, com o Rato no meio.

PARA ALGUMAS PESSOAS, A PRIMEIRA MENSTRUAÇÃO É UMA FESTA, ENQUANTO OUTRAS PODEM FICAR ASSUSTADAS OU PREOCUPADAS PELO FIM DE UMA FASE. PODE SER QUE TENHA SIDO PEGA DE SURPRESA OU QUE VOCÊ ESTIVESSE ANSIOSA POR ESSE MOMENTO.

QUANDO CONSEGUIMOS ENTENDER O QUE ACONTECE NO NOSSO CORPO E NO NOSSO EMOCIONAL, ISSO NOS AJUDA A APROVEITAR OS BENEFÍCIOS DOS CICLOS FEMININOS.

ACREDITE, PODEMOS NOS FORTALECER MUITO COM A ENERGIA QUE CIRCULA EM NOSSOS CICLOS.

COMO FOI, PARA VOCÊ, MENSTRUAR PELA PRIMEIRA VEZ?

DURANTE OS DIAS DA MENSTRUAÇÃO A GENTE FICA MAIS PENSATIVA E MAIS SENSÍVEL. É POR ISSO QUE É COMUM SENTIR PREGUIÇA E QUERER FICAR QUIETA, NO NOSSO CANTO.

É HORA DE REFLETIR MUITO, SAIR POUCO, COLOCAR AS COISAS EM ORDEM E CURTIR A NÓS MESMAS. **É O MOMENTO IDEAL PARA DESABAFAR COM AS PESSOAS EM QUEM CONFIAMOS OU JUNTAR AS AMIGAS EM UMA RODA DE CONVERSA.**

HÁ MUITO TEMPO SE AFIRMA QUE, DESDE ÉPOCAS MAIS ANTIGAS E REMOTAS, MULHERES QUE VIVEM JUNTAS FICAM MENSTRUADAS MAIS OU MENOS NOS MESMOS DIAS. ANTIGAMENTE, AS MULHERES MENSTRUADAS ERAM LIBERADAS DO TRABALHO E SE JUNTAVAM EM UMA TENDA FORA DA CASA, CHAMADA DE **TENDA VERMELHA**. COMO ESSE ERA O ÚNICO MOMENTO LIVRE QUE TINHAM, ELAS APROVEITAVAM PARA CONVERSAR, FAZER TRABALHOS MANUAIS E MEDITAR. ASSIM, AS HISTÓRIAS DE VIDA E DO MUNDO PASSARAM DE GERAÇÃO PARA GERAÇÃO.

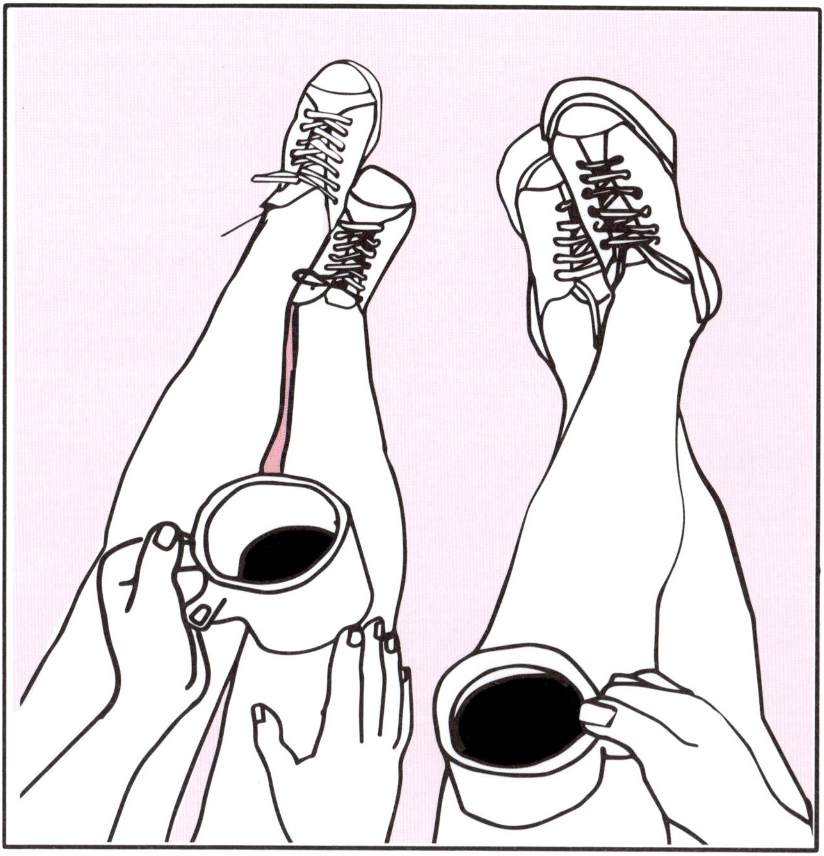

segredosdealice Você já percebeu que muitas das suas amigas ficam menstruadas na mesma época em que você? Esse é um bom momento para se encontrarem e conversarem sobre as coisas da vida.

O QUE A HISTÓRIA DA ALICE TEM A VER COM O FEMININO?

QUANDO OS INTERESSES DE UMA MENINA COMEÇAM A MUDAR, ELA PASSA A NOTAR COISAS QUE NUNCA HAVIA PERCEBIDO ANTES. PODE SER UM SINAL DE UMA NOVA E MARAVILHOSA FASE.

POR MAIS QUE UMA PESSOA ENSINE E DÊ VÁRIAS DICAS PARA OUTRA PESSOA, CADA UMA VAI VIVENCIAR A PRÓPRIA EXPERIÊNCIA. ALICE VIU O  PELA PRIMEIRA VEZ PORQUE O **RELÓGIO BIOLÓGICO** DO SEU CORPO FOI ATIVADO SILENCIOSAMENTE. O  CONVIDA ALICE PARA UMA VIAGEM AO INTERIOR DE UM MUNDO DESCONHECIDO. É O **DESPERTAR DOS CICLOS DO CORPO FEMININO**, QUE COMEÇA BEM ANTES DA PRIMEIRA MENSTRUAÇÃO, A MENARCA. A DESCIDA PELO  É A ATIVAÇÃO DO FUNCIONAMENTO DE ÓRGÃOS QUE JÁ FAZIAM PARTE DO SEU CORPO, MAS QUE ESTAVAM ADORMECIDOS. NA PRIMEIRA VEZ EM QUE ALICE ABRE A PORTINHA NO FINAL DO TÚNEL, SE ENCANTA PELO **JARDIM DAS MARAVILHAS**  E DESEJA IR PARA O OUTRO LADO. AO FLUIR, ALICE PASSA PELA  . ESSA PASSAGEM VAI MARCAR UMA NOVA ETAPA DA SUA VIDA, A **PRIMEIRA MENSTRUAÇÃO**. O DESPERTAR DOS ÓRGÃOS SEXUAIS E REPRODUTIVOS TERÁ INFLUÊNCIA E PARTICIPAÇÃO IMPORTANTE NA VIDA DA GENTE. APRENDER SOBRE O PRÓPRIO CORPO, ENTENDER O QUE ACONTECE DENTRO DE NÓS, O QUE NOS TRAZ BEM-ESTAR E O QUE NOS DESAGRADA, AJUDA A NOSSA AUTOCONFIANÇA, A NOS PROTEGERMOS, A TOMAR DECISÕES. **AO SE CONHECER MELHOR, VOCÊ PASSA A HABITAR A SI MESMA. VOCÊ CONHECE O SEU CORPO?**

ABC
DO SEU CORPO
DESENHADO COM ALGUMAS LETRAS DO ALFABETO

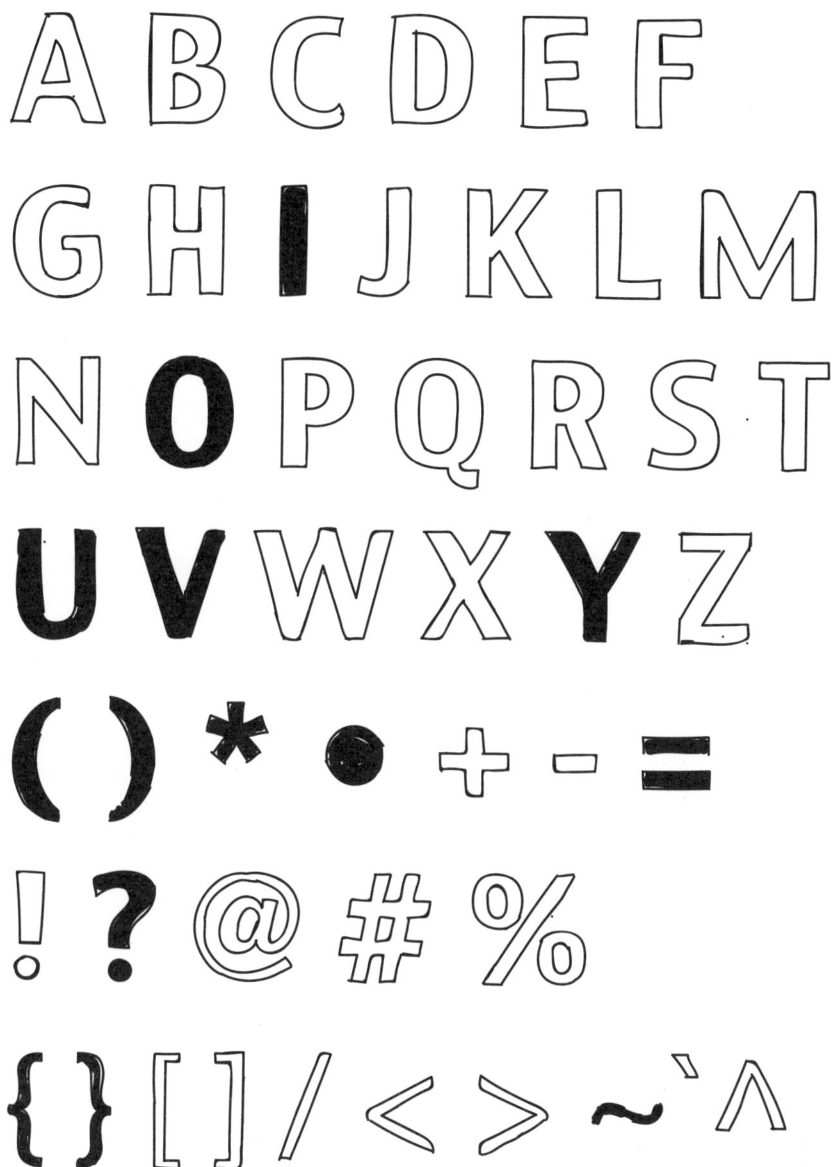

É IMPORTANTE NOS CONHECERMOS INTIMAMENTE, SABERMOS O NOME CORRETO DOS NOSSOS ÓRGÃOS INTERNOS, COMO ELES FUNCIONAM E A INFLUÊNCIA QUE TÊM NO NOSSO CICLO DE VIDA. USE A SUA IMAGINAÇÃO! QUE TAL USAR AS LETRAS E OS SÍMBOLOS PINTADOS DE PRETO PARA REPRESENTAR ALGUNS ÓRGÃOS DA FISIOLOGIA FEMININA E DA MASCULINA?

EM QUAL PÁGINA A ILUSTRAÇÃO PARECE REPRESENTAR A FISIOLOGIA FEMININA?

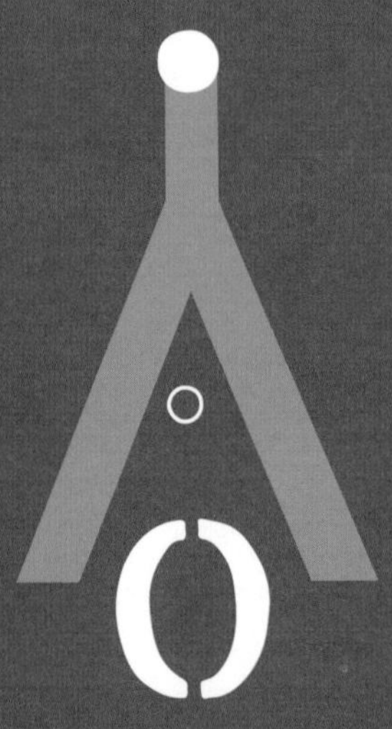

EM QUAL PÁGINA PARECE REPRESENTAR A FISIOLOGIA MASCULINA?

A FISIOLOGIA FEMININA TEM TRÊS BURACOS.

TODOS OS BURACOS, FEMININOS OU MASCULINOS, SÃO LUGARES DE COMUNICAÇÃO DO NOSSO INTERIOR PARA O EXTERIOR. ELES FICAM FECHADOS NA MAIOR PARTE DO TEMPO. QUANDO FOR AO BANHEIRO, FAÇA A EXPERIÊNCIA DE SEGURAR (CONTRAIR) O JATO DE URINA E, DEPOIS, RELAXAR PARA O XIXI SAIR. ESSA É UMA MANEIRA DE CONHECER MELHOR OS NOSSOS MÚSCULOS INTERNOS (normalmente, contraímos os músculos do corpo quando inspiramos o ar nos pulmões e relaxamos os músculos ao soltar o ar, quando expiramos).

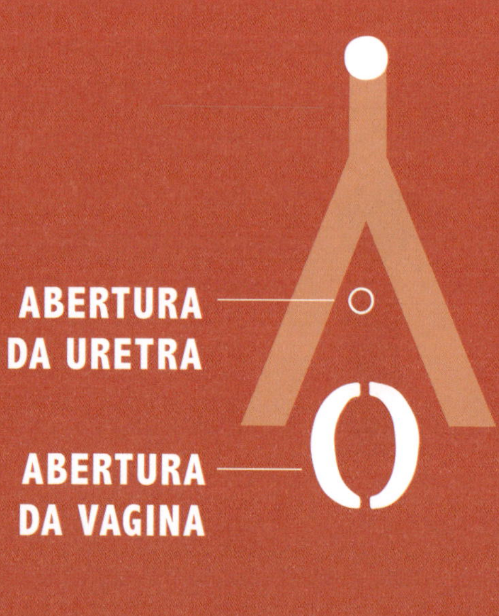

A MASCULINA TEM DOIS BURACOS.

A GENITAL FEMININA TEM QUATRO ÓRGÃOS DIFERENTES, UM PARA CADA FUNÇÃO.

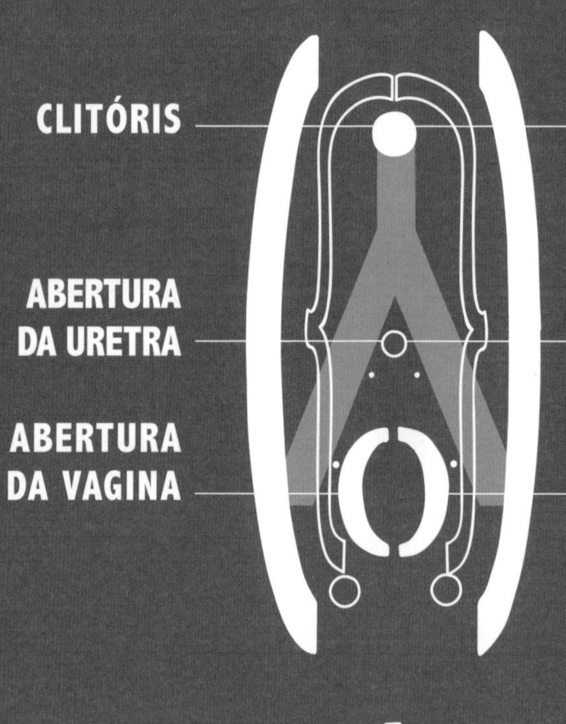

Órgão só para o prazer. Você só vê a pontinha de cima, que é coberta por um capuz de pele. A maior parte dele está escondida.

Fazer xixi.

Por essa abertura:
- sai a menstruação;
- acontece a relação sexual;
- nascem os filhos (e saem a placenta e o líquido amniótico).

ÂNUS

Uma das portas de comunicação do interior do corpo para o exterior. A função fisiológica é fazer cocô.

A MASCULINA TEM APENAS DOIS ÓRGÃOS, E UM DELES FAZ QUASE TUDO.

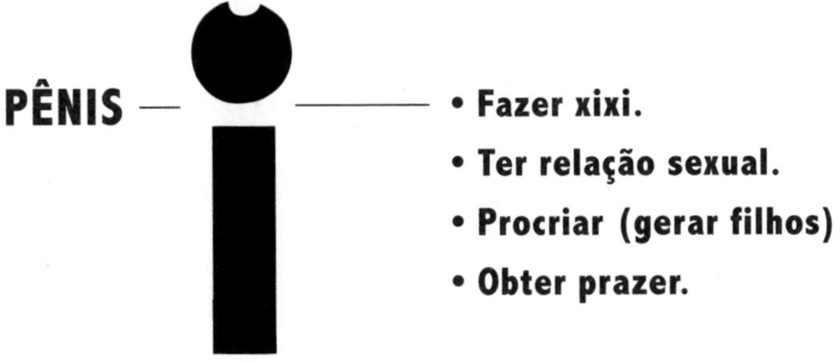
PÊNIS
• Fazer xixi.
• Ter relação sexual.
• Procriar (gerar filhos).
• Obter prazer.

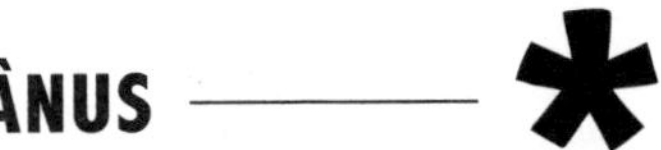
ÂNUS

- **Comunicação do interior do corpo para o exterior.**
- **Função fisiológica: fazer cocô.**

CHAMAMOS DE **VULVA** TUDO QUE É VISÍVEL DO LADO DE FORA.

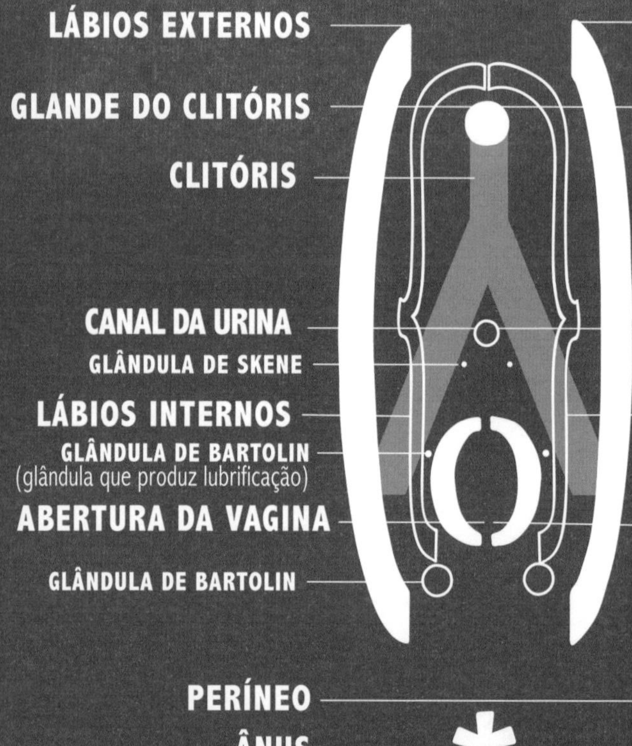

Com o nome da deusa do amor na mitologia, o monte de vênus é uma almofada feita de glândulas de gordura e de suor, revestida por um cobertor de pelos que protege o **osso púbico**.

Os lábios externos são um lugar de proteção, um envelope com pelos, bem quentinho, guardião de todos os segredos.

A **glande** é a única parte visível do clitóris. Ela tem mais de 8 mil terminações nervosas, o dobro do que tem um pênis. A parte interna é formada pelo bulbo e pela crura (que são eréteis e se enchem de sangue). O clitóris pode medir entre 10 cm e 13 cm. Sua função é a sensação de prazer.

Um pequeno furinho que se conecta com a uretra (a **saída do xixi**).

Os lábios internos são como um enfeite protetor que envolve a área mais delicada. Supersensíveis, crescem na puberdade e têm vários formatos.

Pela **abertura da vagina**:
- saem secreções e o fluxo menstrual
- ocorre a relação sexual;
- saem os bebês, a placenta e o líquido amniótico no parto normal.

É um músculo que fica entre a vulva e o ânus e **sustenta** a parte de baixo de **todos os órgãos** que estão dentro da mulher.

Orifício de evacuação, lugar por onde sai o cocô.

DO LADO DE DENTRO HÁ VÁRIOS ÓRGÃOS QUE FUNCIONAM EM UM CICLO MÁGICO.

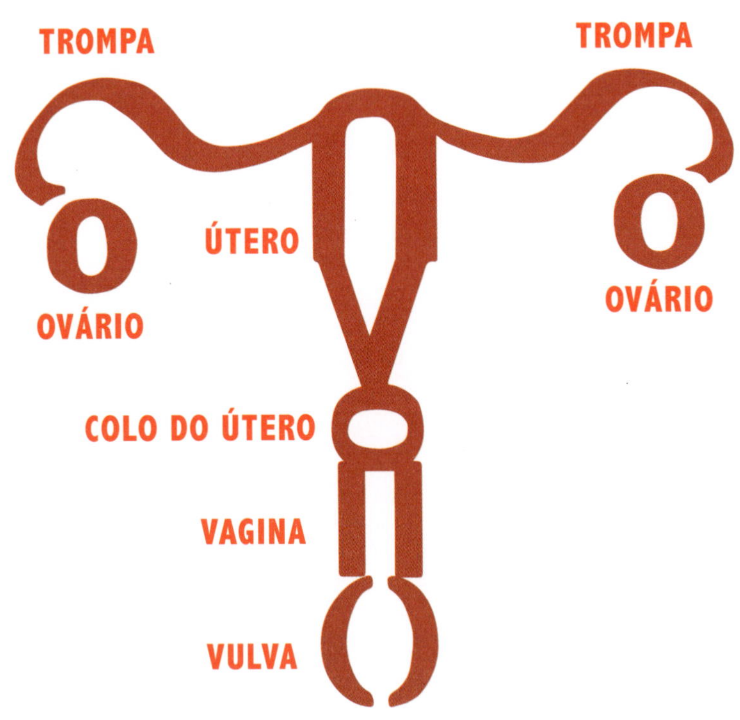

É O CONJUNTO DE ÓRGÃOS SEXUAIS FEMININOS QUE ESTÃO VISÍVEIS NO LADO DE FORA DO CORPO: na **VULVA ()** FICA A ABERTURA () DA **VAGINA** II, por onde temos relação sexual, sai a menstruação e nascem os bebês; a ABERTURA DA **URETRA** é o furinho o pelo qual fazemos xixi; os **LÁBIOS INTERNOS { }** são aqueles babadinhos lindos que enfeitam desde o clitóris até a entrada da vagina; a GLANDE DO **CLITÓRIS** tem a cabeça para fora e o corpo, escondido; os **LÁBIOS EXTERNOS ( )** COM O **MONTE DE VÊNUS** são as partes acolchoadas, como um casaco de pelos, que protegem todo o conjunto. VALE A PENA A GENTE SE CONHECER MELHOR E SABER COMO CUIDAR DA INTIMIDADE.

Quando você sentir curiosidade, olhe-se com a ajuda de um espelhinho. Procure identificar cada parte da sua vulva conforme o esquema desenhado. Não se esqueça de fazer isso em um lugar onde você se sinta segura; onde tenha privacidade e tempo para se observar.

CADA VULVA É ÚNICA E TEM UMA PERSONALIDADE DIFERENTE. OS PEQUENOS LÁBIOS ENFEITAM TODO O CONJUNTO, COMO UMA SAIA, QUE PODE SER LONGA, CURTA, COM MAIS OU COM MENOS BABADOS, COM FRANJA, INCLINADA PARA UM LADO, PODE SER MAIS CLARA, MAIS ESCURA, E TODAS SÃO LINDAS, TÊM SEU CHARME E SEU ESTILO.

VAGINA

É UM CORREDOR DE COMUNICAÇÃO QUE UNE O INTERIOR COM O EXTERIOR DO CORPO FEMININO.

É UM INCRÍVEL TÚNEL CHEIO DE VIDA!

A VAGINA TEM O FORMATO DE UM TUBO FEITO DE MÚSCULOS SUPERFORTES E ELÁSTICOS. O COMEÇO DA VAGINA É A SUA ABERTURA, QUE ESTÁ NA VULVA, E ELA VAI ATÉ O COLO DO ÚTERO. O TAMANHO DA VAGINA PODE VARIAR DE PESSOA PARA PESSOA E TAMBÉM CONFORME A IDADE E A FASE DO CICLO MENSTRUAL. PELA VAGINA ESCORREM OS FLUIDOS MENSTRUAIS E OS FLUIDOS CERVICAIS (muco cervical, que será explicado nas páginas 134 e 135).

A VAGINA É AUTOLIMPANTE: ELA TEM UM EQUILIBRADO ECOSSISTEMA DE BACTÉRIAS PROTETORAS (são bactérias "do bem"), LEVEDURAS E SECREÇÕES PARA ENFRENTAR VÍRUS E BACTÉRIAS CAPAZES DE CAUSAR DOENÇAS. ESSA PROTEÇÃO ESTÁ ATIVA QUANDO O pH (que indica acidez) DA VULVA ESTÁ ENTRE 3,8 E 4,5. A GENTE APRENDE NA AULA DE QUÍMICA QUE pH NEUTRO É 7, ENTÃO ISSO QUER DIZER QUE O AMBIENTE DA VAGINA SAUDÁVEL É ÁCIDO (para proteger contra micro--organismos perigosos à saúde).

A VULVA SÓ PRECISA SER LAVADA COM ÁGUA E SABONETE NEUTRO (sabonetes com muito perfume, duchas íntimas, lenços umedecidos, absorventes internos e desodorantes vaginais alteram o pH, deixando a vulva mais vulnerável a infecções e irritações).

Como lavar a vulva? As dobras de pele da vulva precisam ser lavadas cuidadosamente e com delicadeza. Não se esqueça de limpar a pele que cobre a cabeça do clitóris. É só puxar para cima e lavar.

A VAGINA É O TUBO FEITO DE MÚSCULOS QUE VAI DA VULVA ATÉ O COLO DO ÚTERO.

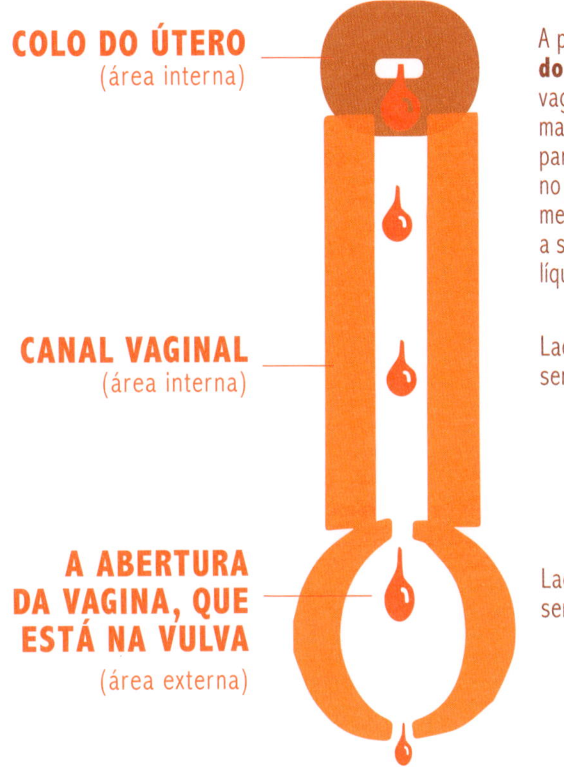

A parte inferior do útero é o **colo do útero**, localizado no final da vagina. Ele está sempre bem fechado, mas se abre um pouco na fase fértil, para a entrada do espermatozoide; no período menstrual, para a saída da menstruação; e no parto normal, para a saída do bebê, da placenta e do líquido amniótico (páginas 134 e 135).

Lado de dentro, é pouco sensível e muito musculoso.

Lado de fora, é muito sensível aos estímulos.

AS GLÂNDULAS VAGINAIS LIBERAM FLUIDOS COM AROMAS DIFERENTES DE ACORDO COM A FASE DO CICLO (alguns são aromas de atração, mesmo que o nosso olfato não perceba). AS GLÂNDULAS DE BARTOLIN TAMBÉM LIBERAM A LUBRIFICAÇÃO QUE AMENIZA O ATRITO NO ATO SEXUAL. A VAGINA É ELÁSTICA TAMBÉM NO SEU COMPRIMENTO: ELA TEM A CAPACIDADE DE SE ESTENDER DURANTE A RELAÇÃO SEXUAL E O PARTO, VOLTANDO DEPOIS À SUA FORMA. Para evitar problemas como vírus, fungos, bactérias perigosas, desconfortos, cuide sempre da higiene. E procure informação com um profissional de saúde, um médico de confiança ou em postos de saúde quando você desejar ter relações sexuais.

HÍMEN

É UMA MEMBRANA FINA QUE FICA AO REDOR DA ABERTURA DA VAGINA. MUITAS PESSOAS RELACIONAM O HÍMEN COM A VIRGINDADE, **MAS, NA REALIDADE, A PRESENÇA OU NÃO DE UM HÍMEN NÃO É SINÔNIMO DE TER OU NÃO HAVIDO RELAÇÕES SEXUAIS.** EM ALGUMAS PESSOAS, O HÍMEN PODE TER DESAPARECIDO ENQUANTO ERAM UM FETO, EM OUTRAS ELE PODE SER TÃO FINO QUE DESAPARECE DURANTE A INFÂNCIA. PARA QUEM TEM ESSA MEMBRANA, ELA PODE APRESENTAR MUITAS VARIAÇÕES DE COR, FORMA, TAMANHO E ELASTICIDADE. SÓ A MEMBRANA DO TIPO "POUCO FLEXÍVEL" SE ROMPE DURANTE O ATO SEXUAL, PODENDO SANGRAR UM POUCO, PRINCIPALMENTE SE HOUVER POUCA TRANQUILIDADE E DELICADEZA. SE A MEMBRANA FOR DE FIBRAS MAIS ELÁSTICAS, ELA NÃO VAI ROMPER E, CONSEQUENTEMENTE, NÃO VAI SANGRAR. ALÉM DAS DIFERENTES ELASTICIDADES, OS ORIFÍCIOS DO HÍMEN PODEM TER MUITAS FORMAS. É POR ESSES ESPAÇOS QUE SAEM OS FLUIDOS E A MENSTRUAÇÃO. OS MAIS COMUNS SÃO:

Hímen anular

Hímen septado

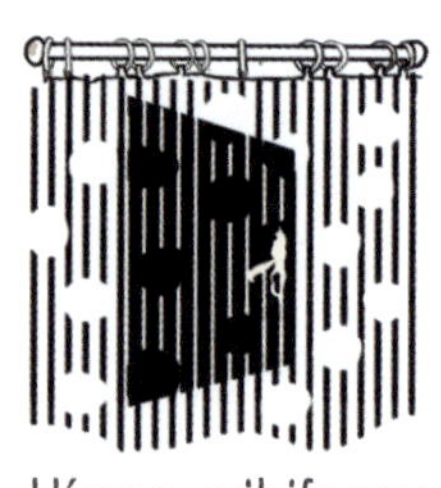

Hímen cribiforme

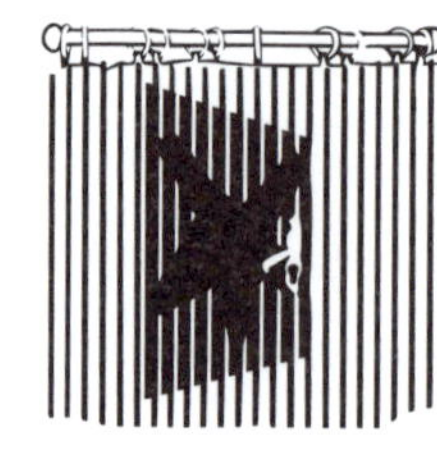

Hímen depois da relação sexual

CONSIDERA-SE VIRGINDADE O FATO DE UMA PESSOA NUNCA TER TIDO RELAÇÃO SEXUAL, INDEPENDENTEMENTE DA EXISTÊNCIA OU NÃO DE UM HÍMEN. ATRAVÉS DOS TEMPOS E EM DIFERENTES CULTURAS AO REDOR DO MUNDO, A VIRGINDADE FEMININA SEMPRE TEVE UM RECONHECIMENTO SOCIAL DIFERENTE EM COMPARAÇÃO COM A MASCULINA. PODE PARECER COISA DO PASSADO, MAS ISSO CONTINUA EXISTINDO. POR EXEMPLO, MUITAS VEZES OS COLEGAS QUE JÁ COMEÇARAM A TER RELAÇÕES SEXUAIS PODEM PRESSIONAR OUTRAS PESSOAS QUE AINDA NÃO TIVERAM, FAZENDO PIADA, PRATICANDO BULLYING, DANDO APELIDOS OU ADJETIVOS QUE DESQUALIFICAM OU JULGAM QUEM DECIDIU QUE AINDA NÃO É O MOMENTO DE INICIAR A VIDA SEXUAL. ISSO TAMBÉM É UMA FORMA DE PRESSÃO SOCIAL.

VIRGINDADE

QUANDO SABEMOS SE REALMENTE SENTIMOS DESEJO E ESTAMOS PREPARADAS PARA UMA RELAÇÃO SEXUAL?

ESSA DECISÃO É PESSOAL E **NÃO** DEVE SER TOMADA POR IMPULSO, APOSTA, DESAFIO, CHANTAGEM EMOCIONAL OU PRESSÃO POR PARTE DE QUALQUER PESSOA, MESMO QUE DIGAM QUE ISSO É UMA PROVA DE CARINHO, DE AFETO OU DE AMOR E NOS FORCEM A ALGO QUE NÃO QUEREMOS. **NÓS PRECISAMOS NOS SENTIR SEGURAS DOS LIMITES DO NOSSO CORPO, DAS NOSSAS EMOÇÕES E AFETIVIDADES.** CABE A CADA PESSOA DECIDIR POR SI, SEM JULGAMENTOS! SÓ PRECISA TER RESPONSABILIDADE E CONSCIÊNCIA. ALÉM DISSO, É PRECISO AVALIAR O RESPEITO, O CONSENTIMENTO (SE AS DUAS PESSOAS ESTÃO DE ACORDO), OS LIMITES DE CADA UMA E OS MÉTODOS DE PROTEÇÃO CONTRA DOENÇAS E GRAVIDEZ. LEMBRE-SE:

VOCÊ É A PESSOA MAIS IMPORTANTE DA SUA VIDA!
É VOCÊ QUEM TEM QUE CUIDAR DE SI MESMA.
TOME AS ATITUDES QUE A FAÇAM FELIZ.
EVITE SOFRIMENTOS DESNECESSÁRIOS. ESSE MOMENTO É SEU E É VOCÊ QUEM DECIDE! SÓ VOCÊ SABE QUANDO ESTARÁ PRONTA.

O  É O PRIMEIRO A ACOLHER ALICE NESSE NOVO PAÍS. ELE FEZ UMA RODA DE CONVERSA, BEM DIVERSIFICADA, INCLUINDO AS AVES QUE ESTAVAM MOLHADAS. A SOLUÇÃO PARA QUE SECASSEM SEUS CORPINHOS FOI DECIDIDA EM CONJUNTO, E OPTARAM POR UMA DANÇA CIRCULAR.

A HISTÓRIA SEGUE EM UM NOVO CICLO, COM NOVAS DESCOBERTAS. ALICE SEGUE ADIANTE À PROCURA DO JARDIM DAS MARAVILHAS. ELA ENCONTRA NOVAMENTE O  , QUE A PROVOCA PARA OUTRAS VIVÊNCIAS E NOVAS EXPERIÊNCIAS.

casa_do_coelho

casa_do_coelho Alice chegou numa bonita casinha, na porta da qual havia uma placa de latão bem brilhante com o nome “C. BRANCO” gravado. Ela entrou sem bater e subiu apressadamente as escadas.

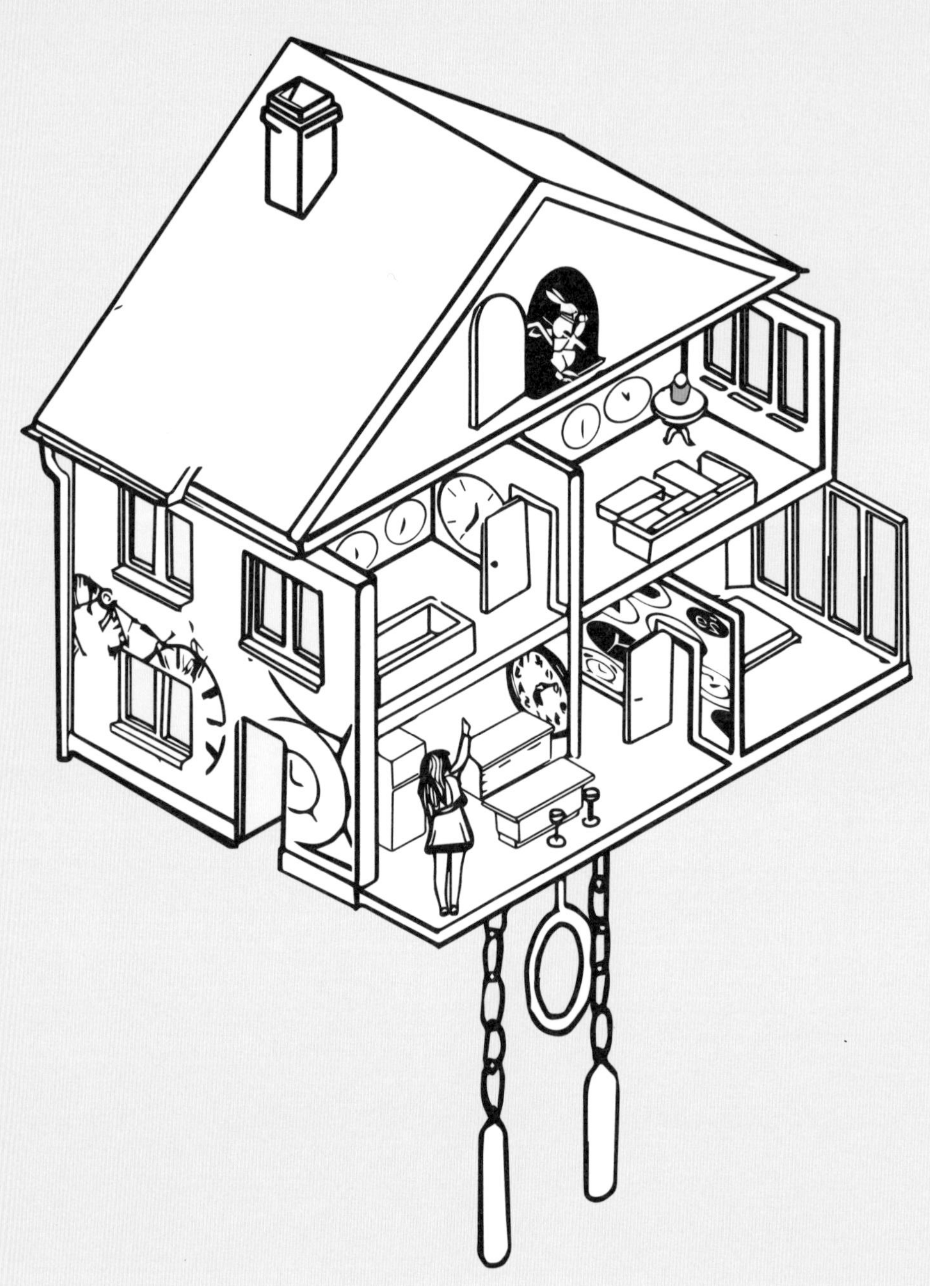

"Eu sei que algo interessante vai certamente acontecer."

DESDE O MOMENTO EM QUE A ALICE COMEÇA A SEGUIR O COELHO BRANCO, ELA VIVE EM CONSTANTE MOVIMENTO: AUMENTA E DIMINUI, CRESCE, ENCOLHE E CRESCE DE NOVO. SENTE-SE BEM PEQUENA E, DEPOIS, ENORME. ASSIM COMO **A VIDA, QUE É UM CONSTANTE MOVIMENTO FÍSICO E EMOCIONAL**. TEM HORAS EM QUE A GENTE SE SENTE MINÚSCULA, INSIGNIFICANTE, PARECE QUE NINGUÉM VÊ... EM DETERMINADOS MOMENTOS A GENTE PODE SE SENTIR PÉSSIMA POR NÃO SER NOTADA. MAS, EM OUTROS, PODE SER BEM CONVENIENTE NÃO CHAMAR ATENÇÃO. POR OUTRO LADO, QUANDO FICAMOS EUFÓRICAS OU FELIZES NOS TORNAMOS GIGANTES. **A NATUREZA SE MOVE EM CICLOS, SOBE E DESCE, VAI E VOLTA. AFINAL, SE TODOS OS DIAS FOSSEM IGUAIS, A VIDA SERIA MUITO CHATA, VOCÊ NÃO ACHA?**

AS POÇÕES MÁGICAS QUE ALICE ENCONTRA NESTA JORNADA REPRESENTAM OS NOSSOS HORMÔNIOS. ELES TRABALHAM COMO O MECANISMO DAQUELES RELÓGIOS ANTIGOS. UM HORMÔNIO DEPENDE DO OUTRO PARA REGULAR, TRAZER EQUILÍBRIO E MANTER O FUNCIONAMENTO DO NOSSO CORPO. ENTENDER COMO ELES ATUAM É UMA FORMA DE SE CONECTAR COM A PRÓPRIA NATUREZA HUMANA. **TODOS OS CORPOS FEMININOS DO PLANETA FUNCIONAM DA MESMA FORMA.** CONHECER OS CICLOS E SEUS MISTÉRIOS É DESCOBRIR UM GRANDE SEGREDO.

A EXPERIÊNCIA DENTRO DA CASA DO COELHO BRANCO NÃO É DIFERENTE: UM AUMENTA-E-DIMINUI SEM CONTROLE E SEM ESTABILIDADE ALGUMA. A INTENSIDADE DE TANTAS MUDANÇAS DEIXA TUDO MEIO ESTRANHO. TEM HORAS EM QUE A GENTE ESTÁ CHEIA DE ENERGIA; EM OUTRAS, MORRENDO DE SONO E SEM VONTADE DE FAZER NADA. MUDAMOS MAIS DE HUMOR DO QUE DE ROUPA. NOS ACHAMOS MEIO LOUCAS, SENTIMOS QUE NÃO ESTAMOS NO NOSSO PRÓPRIO CONTROLE. PARECE QUE EXISTE ALGUMA COISA MAIS FORTE QUE NOS DESESTABILIZA O TEMPO TODO, NÃO É? ALICE PASSOU PELA PUBERDADE, E AGORA SEU CORPO ESTÁ SE DESENVOLVENDO PARA A FASE ADULTA.

VOCÊ SABE O QUE É PUBERDADE?

"Em outro minuto não havia nem mesmo um quarto para isso, e ela tentou deitar-se com um cotovelo contra a porta e o outro braço sobre a cabeça! Alice continuava a crescer e, como último recurso, ela colocou um braço para fora da janela e um pé para dentro da chaminé, dizendo para si mesma 'Agora eu não posso fazer mais nada, o que quer que seja que aconteça. O que vai ser de mim?'."

PUBERDADE

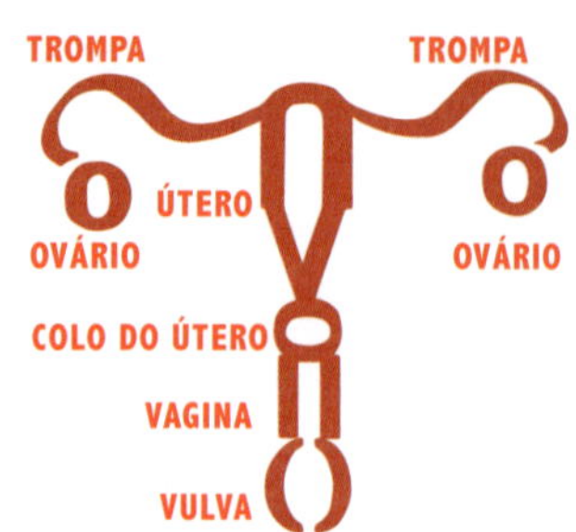

O FLORESCIMENTO DA PUBERDADE É UMA ÉPOCA DE TRANSIÇÃO EM QUE O CORPO MUDA FRENETICAMENTE. ELE NUNCA MAIS SERÁ O MESMO! PODE PARECER MEIO ESTRANHO, MAS A PUBERDADE É UMA REVOLUÇÃO INTERIOR QUE SE MANIFESTA EM TRANSFORMAÇÕES, FÍSICAS E EMOCIONAIS, E EM COMO LIDAMOS COM AS NOVAS EMOÇÕES E COM AS PESSOAS À NOSSA VOLTA. ÀS VEZES, A GENTE SENTE MUITA RAIVA OU MELANCOLIA SEM EXPLICAÇÃO. É O CÉREBRO SE AJUSTANDO À NOVA MANEIRA DE VER O MUNDO. HAVERÁ MOMENTOS EM QUE VOCÊ SE SENTIRÁ CRIANÇA E, EM OUTROS, SUPERADULTA. NÃO SE PREOCUPE, SEU LADO CRIANÇA SEMPRE ESTARÁ DENTRO DE VOCÊ, MESMO QUANDO VOCÊ ESTIVER COM UMA IDADE BEM AVANÇADA.

A PUBERDADE FEMININA COMEÇA APROXIMADAMENTE DOIS ANOS E MEIO ANTES DA PRIMEIRA MENSTRUAÇÃO (A MENARCA).

NA PUBERDADE, AS GLÂNDULAS E OS HORMÔNIOS TRABALHAM CONTINUAMENTE PARA TRANSFORMAR E DESENVOLVER O CORPO E DEIXÁ-LO PREPARADO PARA PODER TER FILHOS. QUANDO UMA PESSOA PASSA A MENSTRUAR, ELA TAMBÉM PASSA A OVULAR. SE HOUVER RELAÇÃO SEXUAL SEM ALGUM MÉTODO DE PREVENÇÃO, PODERÁ ACONTECER UMA GRAVIDEZ NÃO PLANEJADA.

VER O COELHO BRANCO QUE OLHA PARA O RELÓGIO **FOI O SINAL DO DESPERTAR DOS CICLOS FEMININOS DA ALICE**.

O COELHO BRANCO, NESTE LIVRO, É O RELÓGIO BIOLÓGICO DO CORPO HUMANO.

PODEMOS ESTAR TRISTES OU FELIZES, CANSADAS OU CHEIAS DE COMPROMISSOS, NÃO IMPORTA: O NOSSO RELÓGIO BIOLÓGICO, OS NOSSOS CICLOS FUNCIONAM EM UM RITMO PRÓPRIO.

A PUBERDADE, NESTA HISTÓRIA, É O PERÍODO EM QUE ALICE DESCEU PELO TÚNEL E FICOU NA CAVERNA, QUANDO ELA TEM AS PRIMEIRAS EXPERIÊNCIAS DE CRESCIMENTO FÍSICO E EMOCIONAL E FAZ SUAS REFLEXÕES PARA TENTAR RESOLVER SEUS PROBLEMAS. ALICE VIVE AS SUAS PRÓPRIAS DESCOBERTAS.

UMA EXPLOSÃO DE HORMÔNIOS

VOCÊ JÁ OUVIU FALAR EM SURTO DE CRESCIMENTO?

O CORPO COMEÇA A TER MUITA PRESSA PARA SE DESENVOLVER, E A MUDANÇA MAIS FÁCIL DE PERCEBER É NA ALTURA. DURANTE A PUBERDADE, ALGUMAS PESSOAS PODEM "ESTICAR" ATÉ 10 CM EM APENAS UM ANO. MUITAS COISAS ACONTECEM SIMULTANEAMENTE, EM UM CURTO ESPAÇO DE TEMPO.

O CORPO TEM TANTO TRABALHO QUE DÁ UMA FOME DANADA! UM DOS PRIMEIROS SINAIS DE MUDANÇA É O CHEIRO DO SUOR. DEPOIS, OS PELOS ÍNTIMOS "ACORDAM" E COMEÇAM A CRESCER, ESTIMULANDO OS QUE FICAM EMBAIXO DOS BRAÇOS A CRESCEREM TAMBÉM. OS SEIOS COMEÇAM A DAR SINAL DE VIDA. APÓS A MENARCA, O PESO AUMENTA, E O CORPO ADQUIRE FORMAS MAIS ARREDONDADAS. TODO MUNDO RECLAMA DO SEU HUMOR, E VOCÊ NÃO CONSEGUE MAIS ACHAR GRAÇA NAS COISAS DA MESMA MANEIRA QUE ANTES. TEM MOMENTOS EM QUE VOCÊ SE SENTE CRIANÇA; EM OUTROS, ADULTA. TEM HORAS EM QUE NÃO QUER TER TANTA RESPONSABILIDADE, MAS TAMBÉM EXISTEM MOMENTOS EM QUE GOSTARIA QUE CONFIASSEM MAIS EM VOCÊ. ESTÁ TUDO CERTO, É ASSIM MESMO!

ALÉM DE SE ACOSTUMAR COM AS MUDANÇAS, VOCÊ AINDA TEM QUE DAR CONTA DA ESCOLA, DOS AMIGOS, DA FAMÍLIA... É MUITA COBRANÇA DE TODOS OS LADOS. CALMA, RESPIRE FUNDO! QUANDO ESTIVER SE SENTINDO MUITO PRESSIONADA, VOCÊ PODE LEMBRAR QUE TODO MUNDO PASSOU PELA PUBERDADE, INCLUSIVE QUEM RECLAMA DE VOCÊ.

NÃO TENHA PRESSA PARA CRESCER NEM SEJA TÃO EXIGENTE CONSIGO MESMA! SAIBA QUE NÃO EXISTEM DUAS PESSOAS IGUAIS! CADA UMA TEM O SEU RITMO, A SUA "VELOCIDADE". VOCÊ SÓ SERÁ ADULTA QUANDO TIVER PASSADO POR TODAS AS MUDANÇAS DA PUBERDADE.

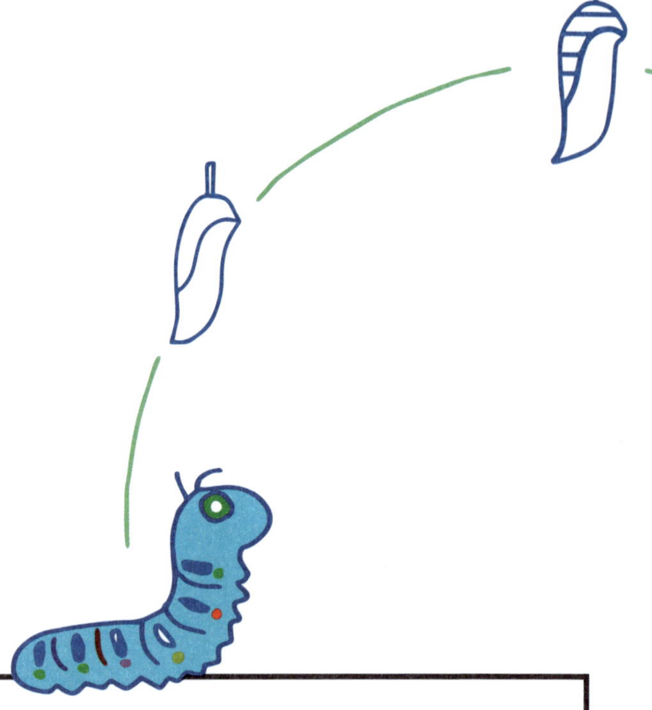

A LAGARTA AZUL é a personagem que vive próximo do Jardim das Maravilhas. Sua missão é ajudar ALICE a entender as mudanças em seu corpo e conciliar suas emoções. A Lagarta é enigmática, sábia e provocativa. Ela conhece os mistérios da transformação e vai mostrar para Alice como o corpo evolui por dentro. Quem sabe se conhecendo mais ela poderá aproveitar melhor essa fase tão importante da vida?

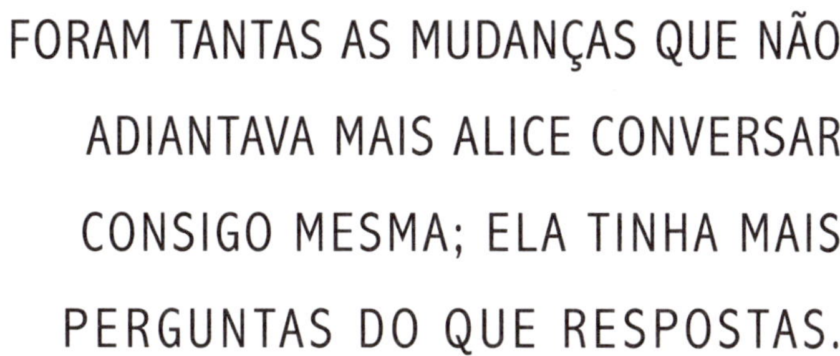

FORAM TANTAS AS MUDANÇAS QUE NÃO ADIANTAVA MAIS ALICE CONVERSAR CONSIGO MESMA; ELA TINHA MAIS PERGUNTAS DO QUE RESPOSTAS.

ALICE ENCONTROU **UMA LAGARTA AZUL, MUITO SÁBIA,** ENVOLVIDA EM UM GRANDE MISTÉRIO.

lagarta_sabida Quem é você?

alice_supermaravilhosa Eu – eu não sei muito bem, Senhora, no presente momento – pelo menos eu sei quem eu era quando levantei esta manhã, mas acho que tenho mudado muitas vezes desde então.

lagarta_sabida O que você quer dizer com isso?

alice_supermaravilhosa Eu mesma não consigo entender, para começo de conversa, e ter tantos tamanhos diferentes em um dia é muito confuso.

"'Bem, talvez você não ache isso ainda', Alice afirmou, 'mas quando você se transformar em uma crisálida – você irá um dia, sabe – e, então, depois disso, em uma borboleta, eu acredito que você irá sentir-se um pouco estranha, não?'. 'Mantenha a calma', disse a Lagarta. 'Você se acostumará com o tempo.'"

A LAGARTA AZUL TRAZ CONSIGO A ENERGIA DA METAMORFOSE. TODOS OS SERES VIVOS AMADURECEM, E PARA ALGUMAS PESSOAS AS MUDANÇAS SÃO MAIS DRAMÁTICAS DO QUE PARA OUTRAS. SERÁ QUE A GENTE CONSEGUE IMAGINAR QUANTAS SUBSTÂNCIAS QUÍMICAS DIFERENTES CIRCULAM NO CORPO DE UMA LAGARTA DESDE O ESTÁGIO DE CRISÁLIDA ATÉ SAIR PARA EXPLORAR O MUNDO COMO BORBOLETA?

COMO FUNCIONA O NOSSO CORPO?

NÃO É NADA SIMPLES! A GENTE TEM UM SISTEMA DE SUBSTÂNCIAS QUÍMICAS BEM COMPLEXAS, E TODAS FUNCIONAM EM CONJUNTO. QUANDO ENTENDEMOS COMO AS COISAS ACONTECEM, FICA MAIS FÁCIL ENTENDER AS NOSSAS PRÓPRIAS MUDANÇAS E

ASSUMIR O CONTROLE SOBRE NÓS MESMAS!

HIPOTÁLAMO

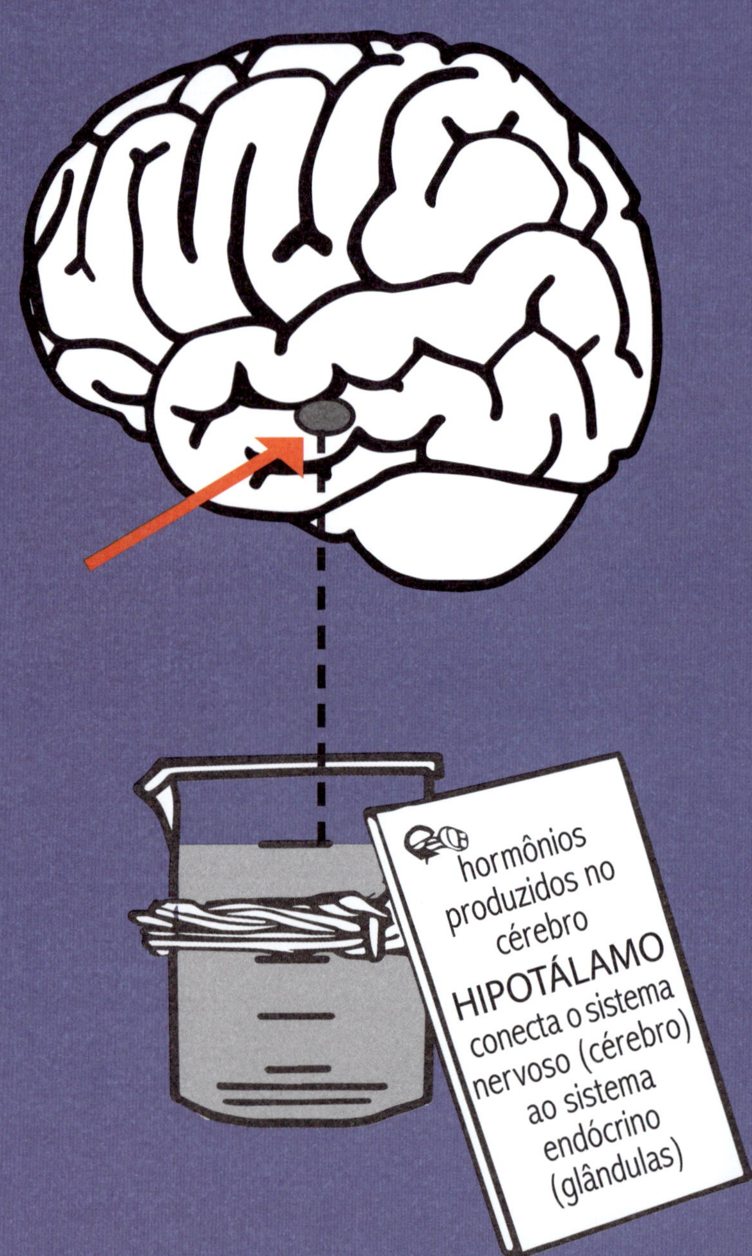
hormônios
produzidos no
cérebro
HIPOTÁLAMO
conecta o sistema
nervoso (cérebro)
ao sistema
endócrino
(glândulas)

IMAGINE UMA CENTRAL DE COMANDO BEM PEQUENINA, DO TAMANHO DE UMA AMÊNDOA, SUPERESCONDIDA E MEGAPODEROSA. **ESSE É O HIPOTÁLAMO. SUA RESPONSABILIDADE É MANTER O EQUILÍBRIO INTERNO DO NOSSO CORPO EM RELAÇÃO ÀS VARIAÇÕES E MUDANÇAS DO MEIO AMBIENTE** (essa função é chamada de homeostase). POR EXEMPLO: QUANDO ESTÁ FRIO LÁ FORA, A GENTE TEM A SENSAÇÃO DE FRIO, PARA SE AGASALHAR. O HIPOTÁLAMO REGULA A TEMPERATURA DO CORPO, O FRIO E O CALOR; REGULA TAMBÉM A FOME, A SEDE E ATÉ A DOR; CONTROLA A SENSAÇÃO DE CLARO E ESCURO E A RETENÇÃO DE LÍQUIDOS (quando ficamos inchadas).

O HIPOTÁLAMO É COMO UM COMPUTADOR. ELE PASSA O TEMPO TODO IDENTIFICANDO O QUE O CORPO PRECISA: COLETA INFORMAÇÕES, USA VÁRIAS FÓRMULAS DIFERENTES, CALCULA E SELECIONA O TIPO E A QUANTIDADE DE HORMÔNIOS NECESSÁRIOS PARA AQUELE MOMENTO. **DEPOIS, FAZ UMA RECEITA E A ENVIA DIRETAMENTE PARA A SUA MASTER PARCEIRA E "BFF"** (best friend forever/melhor amiga para sempre), **A GLÂNDULA HIPÓFISE** (também chamada de pituitária). A HIPÓFISE, UMA DAS GLÂNDULAS MAIS PODEROSAS DO NOSSO CORPO, PREPARA E ENTÃO DISTRIBUI O COMANDO RECEBIDO EM FORMA DE HORMÔNIO PARA OUTRAS GLÂNDULAS (o hipotálamo faz a integração do sistema nervoso, que é o do cérebro, com o sistema endócrino, que é o das glândulas).

GLÂNDULAS

hormônios da glândula HIPÓFISE/ PITUITÁRIA governam as funções da tireoide, do timo, do pâncreas, das suprarrenais e dos ovários
hormônios da glândula PINEAL regulam os ciclos biológicos e o sono

FORMAM UMA COMPLEXA E SINCRONIZADA REDE DE PRODUÇÃO E DISTRIBUIÇÃO DOS HORMÔNIOS, COORDENANDO O FUNCIONAMENTO DO CORPO E A ABSORÇÃO DOS NUTRIENTES. ALÉM DISSO, ORGANIZAM O CRESCIMENTO DOS OSSOS E O AMADURECIMENTO DO NOSSO CORPO. OS HORMÔNIOS TRABALHAM COMO O EFEITO DE UM DOMINÓ: UM COMEÇA E INFLUENCIA O OUTRO, QUE INFLUENCIA OUTRO...

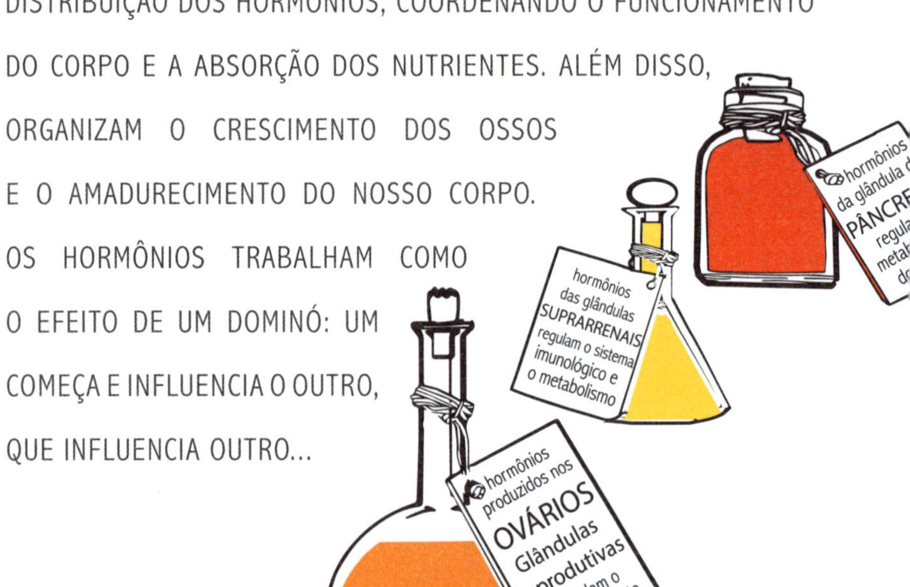

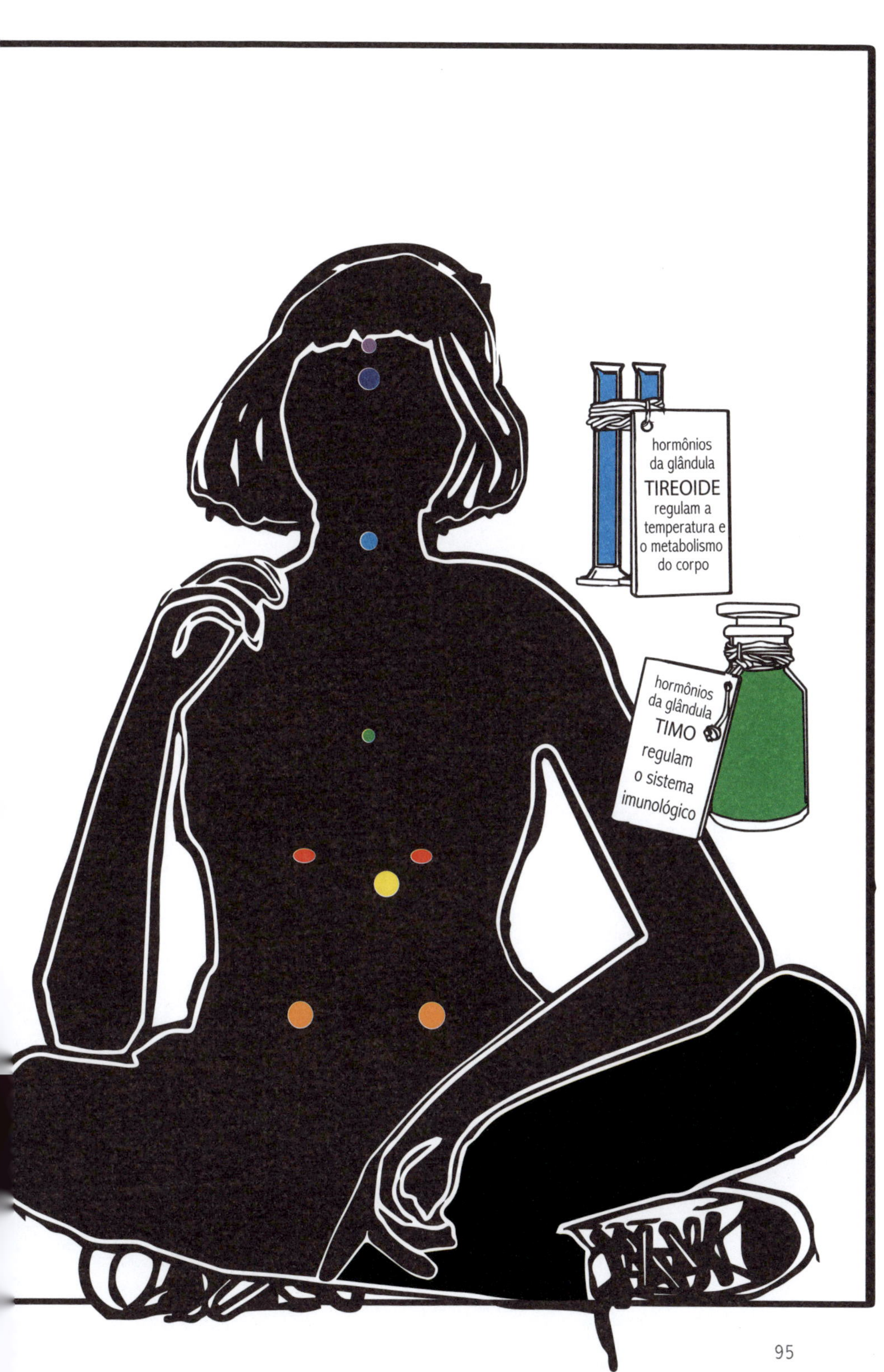
hormônios
da glândula
TIREOIDE
regulam a
temperatura e
o metabolismo
do corpo
hormônios
da glândula
TIMO
regulam
o sistema
imunológico

Ocitocina

HORMÔNIOS REAGEM EM CADEIA,

SÃO MENSAGEIROS QUÍMICOS PODEROSOS PRODUZIDOS EM CENTRAIS DE COMANDO (GLÂNDULAS). **ELES CIRCULAM NO NOSSO SANGUE COM INSTRUÇÕES E INFORMAÇÕES QUE ESTABELECEM A COMUNICAÇÃO ENTRE AS NOSSAS CÉLULAS E AS GLÂNDULAS.** ELES ESTIMULAM O FUNCIONAMENTO DE VÁRIAS FUNÇÕES DO NOSSO ORGANISMO, SEMPRE BUSCANDO O EQUILÍBRIO DE MANEIRA ORGANIZADA E BEM COMPLEXA.

OS SUPERPODERES DA HIPÓFISE

A DUPLA **HIPOTÁLAMO** E **HIPÓFISE** TEM A FUNÇÃO DE REGULAR TODA A QUÍMICA DO NOSSO CORPO. PARA ISSO, ESSA DUPLA CONTROLA CINCO GLÂNDULAS: **TIREOIDE, TIMO, PÂNCREAS, SUPRARRENAIS** E **OVÁRIOS.**

ALÉM DISSO, COORDENA OS HORMÔNIOS DO NOSSO METABOLISMO, DO CRESCIMENTO E OS SEXUAIS.

SUPRARRENAIS – A parte externa produz o hormônio corticosteroide, que regula o **equilíbrio das águas do corpo**, o **sistema imunológico**, o **metabolismo** e a **função sexual**. A parte interna das glândulas produz adrenalina, que acelera o coração quando estamos com medo.

OVÁRIOS – Durante a infância eles estão adormecidos; não recebem nem produzem hormônios.

A GLÂNDULA **PINEAL** TRABALHA COM A **HIPÓFISE**. (A pineal é responsável por secretar a **melatonina**, um hormônio fundamental para o sono e o crescimento. A melatonina só é produzida durante a noite e no escuro. Pode parecer exagero, mas é "a pura verdade": para crescer é preciso dormir cedo, pelo menos oito horas por noite, e no escuro absoluto. Além do crescimento, ela coordena outros hormônios.) MESMO QUE ELAS TRABALHEM EM EQUIPE, QUANDO É NECESSÁRIO A PINEAL PODE INIBIR A **HIPÓFISE** (veja bem, todo poder pode ser retirado...).

ESTE ESQUEMA RESUME A FUNÇÃO BÁSICA DO HIPOTÁLAMO E DA HIPÓFISE:

TIMO – Regula o sistema imunológico e os níveis de cálcio no sangue.

PÂNCREAS – É uma glândula que **produz a insulina**, hormônio que leva o açúcar que ingerimos para dentro das células. **A insulina ajuda a manter as reservas de energia do corpo.**

TIREOIDE – Auxilia o desenvolvimento do cérebro e do sistema nervoso. **Estimula o crescimento dos ossos**, ajuda a regular a concentração de cálcio no sangue e produz TSH, T3 e T4, hormônios que controlam a velocidade com que as células geram energia dos alimentos que ingerimos.

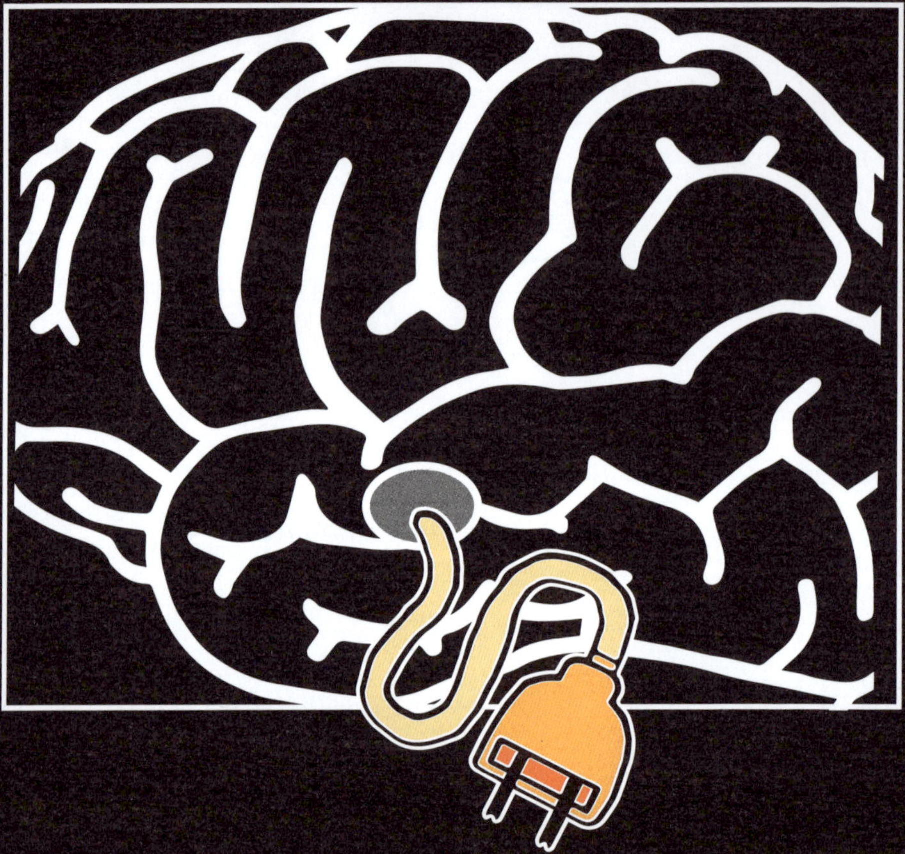

HIPOTÁLAMO
produz
ADH
O HORMÔNIO
ANTIDIURÉTICO
(vontade de fazer xixi)
que é armazenado
na hipófise
HIPOTÁLAMO
produz
ocitocina
O HORMÔNIO
DO AMOR
que é armazenado
na hipófise
HIPOTÁLAMO
produz o hormônio
GnRH
QUE DÁ RITMO PARA
A LIBERAÇÃO DOS
HORMÔNIOS
FSH e LH

HIPOTÁLAMO
produz o hormônio
kisspeptina
QUE DÁ INÍCIO À
PUBERDADE
E ESTIMULA O
GnRH

COMO SE NÃO BASTASSE TODO O TRABALHO QUE O HIPOTÁLAMO TEM PARA FAZER, ELE TAMBÉM **REFLETE AS NOSSAS EMOÇÕES E OS NOSSOS SENTIMENTOS**. **SUAS CÉLULAS TÊM, AINDA, UMA OUTRA MISSÃO: PRODUZIR AS SUBSTÂNCIAS QUÍMICAS QUE VÃO DAR INÍCIO À PRODUÇÃO DOS HORMÔNIOS DA PUBERDADE E AO CONTROLE DOS CICLOS FEMININOS**. IMAGINE QUE A PUBERDADE É COMO A INSTALAÇÃO DE UM NOVO SISTEMA OPERACIONAL (como o de um celular). PRIMEIRO É PRECISO SE CONECTAR À INTERNET. O HIPOTÁLAMO VAI FAZER O PRIMEIRO PASSO DA CONEXÃO, MANDANDO O SINAL DE ATUALIZAÇÃO DO SISTEMA HORMONAL. QUANDO A GLÂNDULA HIPÓFISE RECEBER A INFORMAÇÃO DE QUE A PUBERDADE FOI ACIONADA, ELA VAI BAIXAR E CARREGAR O NOVO PROGRAMA, COM AS NOVAS RECEITAS HORMONAIS, E VAI COMANDAR TODAS AS MUDANÇAS DO CORPO. SEGUINDO O SEU COMANDO, UMA SÉRIE DE HORMÔNIOS SERÁ FABRICADA EM VÁRIAS GLÂNDULAS DIFERENTES, QUE TAMBÉM EXECUTARÃO A MISSÃO DAS TRANSFORMAÇÕES FÍSICAS, EMOCIONAIS E SENTIMENTAIS DA PUBERDADE. TEM HORMÔNIO ATÉ PARA DESPERTAR O NOSSO INSTINTO, O DESEJO E A PAIXÃO, QUANDO NOS SENTIMOS ATRAÍDAS POR OUTRA PESSOA. ESSE HORMÔNIO É CHAMADO DE OCITOCINA.

O SILENCIOSO INÍCIO DA PUBERDADE

A CIÊNCIA AINDA NÃO SABE PREVER COM EXATIDÃO QUANDO IRÁ ACONTECER A PUBERDADE. FATORES COMO AS IDADES EM QUE A NOSSA MÃE E A NOSSA AVÓ MATERNA MENSTRUARAM, O ESTILO DE ALIMENTAÇÃO (consumir muitos produtos industrializados e pouco dos naturais pode antecipar a menarca) E O LUGAR ONDE MORAMOS (ambientes mais poluídos tendem a apressar a puberdade) PODEM INFLUENCIAR A IDADE DA MENARCA, A PRIMEIRA MENSTRUAÇÃO.

A PUBERDADE EXIGE BASTANTE TRABALHO DO CORPO, POR ISSO O METABOLISMO E OS ESTOQUES DE ENERGIA TÊM QUE ESTAR PREPARADOS. AI, QUE FOME! QUANDO O CORPO ESTIVER COM RESERVAS SUFICIENTES, VAI PRODUZIR, DENTRO DAS CÉLULAS DE GORDURA, A **LEPTINA**, UM HORMÔNIO QUE LEVARÁ PARA O CÉREBRO A INFORMAÇÃO DE QUE O CORPO PODE DAR CONTA DE TODAS AS TRANSFORMAÇÕES NECESSÁRIAS PARA VIRAR ADULTO.

O **HIPOTÁLAMO** VAI LIGAR A "PROGRAMAÇÃO DA PUBERDADE" COM A PRODUÇÃO DE UM NOVO HORMÔNIO, A **KISSPEPTINA**, QUE INICIARÁ O PROCESSO DE DOWNLOAD DO SISTEMA QUE VAI DITAR O RITMO DA PUBERDADE. O PRIMEIRO HORMÔNIO A SER PRODUZIDO É O **GnRH** (gonadotrofina), QUE SAIRÁ DO **HIPOTÁLAMO** PARA COMANDAR A SUA PARCEIRA E "BFF" GLÂNDULA **HIPÓFISE**, PARA ELA COMEÇAR A PRODUZIR OS HORMÔNIOS **FSH** (hormônio folículo-estimulante) E **LH** (hormônio luteinizante). ESSES DOIS VÃO "MERGULHAR" NA CORRENTE SANGUÍNEA EM DIREÇÃO A ESTAS GLÂNDULAS: **SUPRARRENAIS** E **OVÁRIOS**. PRONTO, VÃO COMEÇAR AS TRANSFORMAÇÕES!

NAS **SUPRARRENAIS**, O **FSH** E O **LH** VÃO ESTIMULAR O **ESTROGÊNIO** E A **TESTOSTERONA** (sim, as mulheres têm testosterona, mas em quantidade menor que os homens) PARA DEMONSTRAR QUE RECEBERAM A MENSAGEM. AS **SUPRARRENAIS** VÃO MANDAR O CHEIRO DE SUOR, UM DOS PRIMEIROS SINAIS PERCEBIDOS, DO LADO DE FORA DO CORPO, DE QUE AS COISAS ESTÃO MUDANDO POR DENTRO.

QUANDO O **FSH** E O **LH** CHEGAREM AO **APARELHO REPRODUTOR**, ELES VÃO DESPERTAR OS **OVÁRIOS**, QUE SERÃO RESPONSÁVEIS PELO COMANDO DAS MAIORES TRANSFORMAÇÕES DO CORPO FEMININO. A PRIMEIRA FÓRMULA DE HORMÔNIO QUE OS OVÁRIOS VÃO FABRICAR É O **ESTROGÊNIO** (ou estrógeno), O RESPONSÁVEL POR BROTOS DOS SEIOS E PELOS ÍNTIMOS (PRIMEIROS SINAIS DA PUBERDADE). E, COM TODA ESSA EQUIPE TRABALHANDO, OS OVÁRIOS, O ÚTERO E AS TROMPAS SÃO ATIVADOS E A APARÊNCIA, INTERNA E EXTERNA, VAI MUDANDO.

PARA O CRESCIMENTO DOS OSSOS, SERÁ PREPARADO O HORMÔNIO **GH** JUNTO DO **TSH** (da tireoide). O **HORMÔNIO DHEA** GARANTIRÁ A PRODUÇÃO DE TESTOSTERONA E ESTROGÊNIO.

Humpty Dumpty é um OVO que se comunica em uma língua estranha e se parece com uma criança aprendendo a falar. Na busca pelo Jardim das Maravilhas, Alice encontra o OVO e tenta esclarecer algumas dúvidas que a Lagarta deixou em sua mente. Adorável, inocente e supermeigo, ele tem as melhores intenções do mundo.

ALICE COMEÇAVA A ENTENDER
COMO SEU CORPO FUNCIONAVA, MAS
FOI O OVO **HUMPTY DUMPTY**
QUE A FEZ ENTENDER,
COM MAIS DETALHES,
AS MUDANÇAS DA PUBERDADE.

ovo_infantil Não vou poder reconhecê-la, se nos encontrarmos outra vez. Você é tão exatamente igual a todo mundo.

alice_supermaravilhosa Em geral, é pelo rosto que se reconhecem as pessoas.

ovo_infantil É disso mesmo que estou me queixando. Sua cara é tão igual à de todo mundo... tem dois olhos, o nariz está no meio, a boca, embaixo. É sempre a mesma coisa. Agora, se você tivesse dois olhos do mesmo lado do nariz, por exemplo... ou a boca em cima...

PARA **HUMPTY DUMPTY**, SOMOS TODOS IGUAIS PORQUE TODOS OS SERES HUMANOS TÊM AS MESMAS CARACTERÍSTICAS: DOIS OLHOS, UM NARIZ E UMA BOCA. TALVEZ ELES ATÉ CONSIGAM DIFERENCIAR ESPÉCIES DIFERENTES ENTRE MAMÍFEROS, AFINAL GENTE É DIFERENTE DE BALEIA, DE CACHORRO, DE VACA, DE MACACO, DE RATO...

NÃO DEVERIA HAVER DISTINÇÃO ENTRE MEMBROS DE UMA MESMA ESPÉCIE, VOCÊ NÃO ACHA?

TODAS AS MAMÍFERAS, HUMANAS E ANIMAIS, TÊM DOIS OVÁRIOS, UM ÓRGÃO DE DUPLA FUNÇÃO: ELES PRODUZEM CÉLULAS GERMINATIVAS (OVÓCITOS E ÓVULOS) E, TAMBÉM, HORMÔNIOS SEXUAIS. OS OVÁRIOS SÃO ÓRGÃOS E GLÂNDULAS AO MESMO TEMPO.

OVÁRIOS SÃO NOSSOS CENTROS DE SEMENTES, O PRINCÍPIO DE TODOS NÓS.

O OVO EM CIMA DO MURO QUE FALA UMA LÍNGUA ENGRAÇADA E INFANTIL REPRESENTA OS ÓVULOS QUE FICAM NOS NOSSOS OVÁRIOS.

OVÁRIOS

SÃO OS PRIMEIROS ÓRGÃOS SEXUAIS A SEREM DESPERTADOS. TEMOS DOIS, UM DE CADA LADO.

ELES GUARDAM E ARMAZENAM AS NOSSAS **CÉLULAS REPRODUTORAS, NOSSAS SEMENTES DE VIDA, NOSSOS OVOS**. IMAGINE QUE DENTRO DOS OVÁRIOS TEMOS UM SAQUINHO DE BOLAS DE SEMENTES HUMANAS, QUE JÁ ESTÃO PRESENTES NO NOSSO CORPO DESDE QUE SOMOS UM FETO DE 24 SEMANAS DE GESTAÇÃO, DENTRO DA BARRIGA DA NOSSA MÃE. NESSA ÉPOCA, COMO FETOS, TEMOS EM NOSSOS OVÁRIOS CERCA DE 20 MILHÕES DE CÉLULAS QUE PODERIAM SE DESENVOLVER EM OVÓCITOS (células com capacidades reprodutivas). VOCÊ JÁ PAROU PARA PENSAR QUE UMA PARTE DE NÓS ESTAVA NA BARRIGA DA NOSSA MÃE DESDE QUANDO ELA ERA UM FETO NA BARRIGA DA NOSSA AVÓ?

À MEDIDA QUE A GENTE SE DESENVOLVE, CRESCE E ENVELHECE, A QUANTIDADE DESSAS CÉLULAS VAI DIMINUINDO. POR EXEMPLO, AOS 7 ANOS DE IDADE A GENTE TERIA, EM REPOUSO, 300 MIL OVÓCITOS.

ESTIMA-SE QUE, AO LONGO DE TODA A VIDA, VAMOS AMADURECER CERCA DE 400 A 500 OVÓCITOS EM ÓVULOS. QUANDO NÃO É FECUNDADO, O ÓVULO É EXPELIDO DO CORPO, NA MENSTRUAÇÃO. OS OVÓCITOS SÃO AS MAIORES CÉLULAS DO CORPO HUMANO E AS QUE VIVEM POR MAIS TEMPO.

O **ESTROGÊNIO** É O PRIMEIRO HORMÔNIO FEMININO A SER PRODUZIDO PELOS OVÁRIOS. UM DOS PRIMEIROS SINAIS DE QUE ELES DERAM INÍCIO À "FABRICAÇÃO" DE ESTROGÊNIO SÃO AS MAMAS E OS PELOS, QUE COMEÇAM A CRESCER. ESSE HORMÔNIO TAMBÉM TEM INFLUÊNCIA NO DESENVOLVIMENTO DOS ÓRGÃOS SEXUAIS, NO CRESCIMENTO E NA DENSIDADE DOS OSSOS (QUE SE REFLETE EM NOSSA ALTURA), NA FORMA DO BUMBUM, NO ALARGAMENTO DOS QUADRIS E NO AUMENTO DAS COXAS. QUANDO O CORPO COMEÇAR A PRODUZIR OUTRO HORMÔNIO, A **PROGESTERONA**, CHEGARÁ A HORA DA PRIMEIRA MENSTRUAÇÃO (A MENARCA). O AMADURECIMENTO DO SISTEMA DE REPRODUÇÃO HUMANA SERÁ **A CONCLUSÃO DO DOWNLOAD DAS GRANDES TRANSFORMAÇÕES FISIOLÓGICAS DA PROGRAMAÇÃO DA PUBERDADE**.

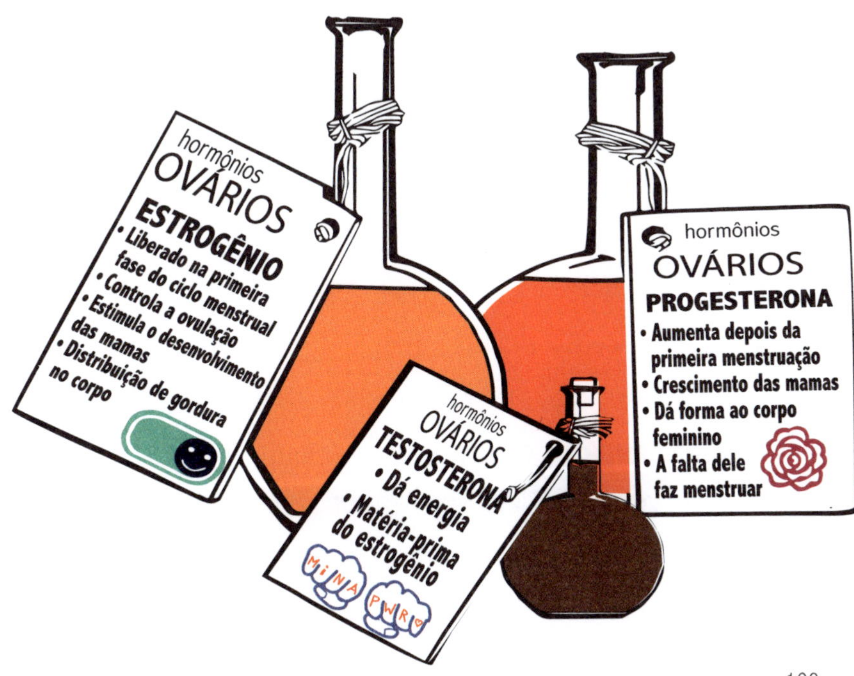

PELOS SÃO UMA DAS CARACTERÍSTICAS DOS MAMÍFEROS.

DURANTE A PUBERDADE, APARECEM PELOS EM LOCAIS EM QUE ELES NÃO ESTAVAM ANTES. PRIMEIRO SURGE UMA PENUGEM BEM FININHA, COM PELOS AFASTADOS ENTRE SI. À MEDIDA QUE O TEMPO PASSA, ELES VÃO FICANDO MAIS ESCUROS, MAIS GROSSOS E JUNTINHOS. OS PRIMEIROS PELOS FEMININOS A APARECER SÃO OS ÍNTIMOS (que cobrem o monte de vênus e os lábios externos da vulva). DEPOIS VÊM OS QUE FICAM EMBAIXO DOS BRAÇOS. OS PELOS DA PERNA E DO BRAÇO PODEM MUDAR TAMBÉM.

DIFERENTEMENTE DOS ANIMAIS, **MUITOS SERES HUMANOS TÊM CONFLITOS COM A PRESENÇA DE SEUS PELOS E PREFEREM ELIMINÁ-LOS**. SEJA PASSANDO CERA, RASPANDO COM LÂMINA OU ARRANCANDO, RETIRAR OS PELOS DA VULVA E DE OUTRAS PARTES DO CORPO É UMA QUESTÃO DE GOSTO E NÃO DE HIGIENE. VOCÊ SABIA QUE OS PELOS SÃO FATORES DE PROTEÇÃO CONTRA O MUNDO EXTERIOR? SE VOCÊ OPTAR POR REMOVÊ-LOS, TOME CUIDADO COM OS MÉTODOS DE DEPILAÇÃO E COM A SENSIBILIDADE DA SUA PELE. NA RETIRADA, PODERÁ SURGIR UMA PEQUENA FERIDA CAPAZ DE FUNCIONAR COMO PORTA DE ENTRADA PARA UMA BACTÉRIA "DO MAL". INDEPENDENTEMENTE DA SUA OPÇÃO DE TER OU NÃO PELOS, A MELHOR FORMA DE MANTER A SUA HIGIENE ÍNTIMA É USAR APENAS ÁGUA E SABONETE NEUTRO.

NÃO HÁ JULGAMENTO DE CERTO OU ERRADO, HÁ PREFERÊNCIAS. PRECISAMOS RESPEITAR TODAS AS OPÇÕES: A DE QUEM QUER DEIXÁ-LOS LIVRES E A DE QUEM PREFERE RETIRÁ-LOS.

segredosdealice

segredosdealice “Pelo sim ou pelo não”, respeitar as diversidades é respeitar as escolhas de cada uma. Pense nisso!

segredosdealice

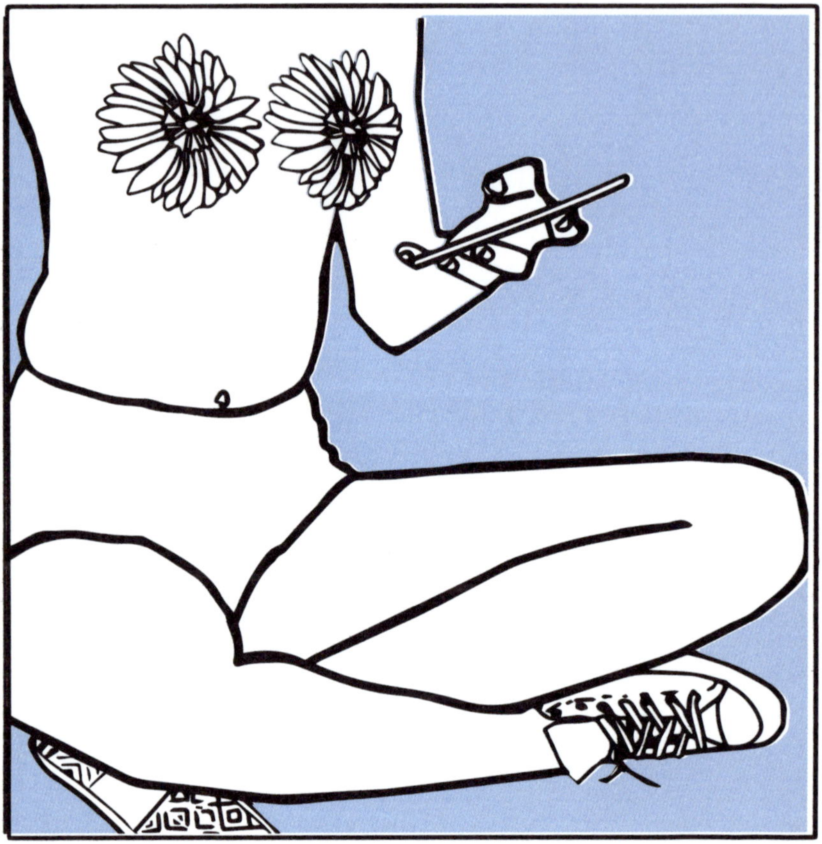

segredosdealice As mídias exploram um padrão estético feminino que é fora da realidade. A beleza dos seios vem exatamente do fato de que cada um é único, sem padrões predeterminados. Não tente se encaixar nesses padrões. A sua beleza é ser única.

VOCÊ SABIA QUE OS NOSSOS SEIOS OU MAMAS NOS TORNAM MAMÍFERAS?

APESAR DE OS SEIOS SEREM UMA CARACTERÍSTICA QUE DISTINGUE O FEMININO DO MASCULINO, ELES NÃO ESTÃO RELACIONADOS À REPRODUÇÃO. POR ISSO, SÃO CHAMADOS DE CARACTERÍSTICA SEXUAL SECUNDÁRIA.

POR DENTRO DA PELE, OS SEIOS SE PARECEM COM UMA FLOR. ELES VÃO COMEÇAR A CRESCER QUANDO OS OVÁRIOS PASSAREM A PRODUZIR ESTROGÊNIO (DE UM A DOIS ANOS ANTES DA PRIMEIRA MENSTRUAÇÃO). PRIMEIRO APARECEM OS BROTOS MAMÁRIOS, QUE SE FORMAM COMO PÉTALAS E SE DESENVOLVERÃO POR CERCA DE DEZ ANOS.

EMBORA A SUA FUNÇÃO BIOLÓGICA SEJA ALIMENTAR O RECÉM-NASCIDO, **OS SEIOS TÊM UMA RELAÇÃO MUITO FORTE COM A AUTOIMAGEM: SÃO AS NOSSAS MONTANHAS DE VITALIDADE**. ELES SE TRANSFORMAM A TODO INSTANTE, MUDAM DE TAMANHO COM O GANHO OU A PERDA DE PESO E COM CADA FASE DO CICLO MENSTRUAL. OS SEIOS TÊM UMA PARTE MAIS MOLE E OUTRA MAIS RÍGIDA. ALGUMAS MULHERES TÊM MAIS SENSIBILIDADE DO QUE OUTRAS.

NA REGIÃO DOS SEIOS CIRCULAM MUITAS ENERGIAS E EMOÇÕES.

PEITOS, SEIOS, TETAS, MAMAS, SÃO MUITOS OS APELIDOS, MAS VOCÊ SABE DO QUE SÃO FEITOS?

AS ESTRUTURAS DAS GLÂNDULAS MAMÁRIAS SE PARECEM COM UMA FLOR VIRADA PRA VOCÊ E O CAULE PARA A FRENTE. SÃO FORMADAS POR **GORDURA (90%), GLÂNDULAS, NERVOS, VASOS LINFÁTICOS E PEQUENOS VASOS SANGUÍNEOS**.

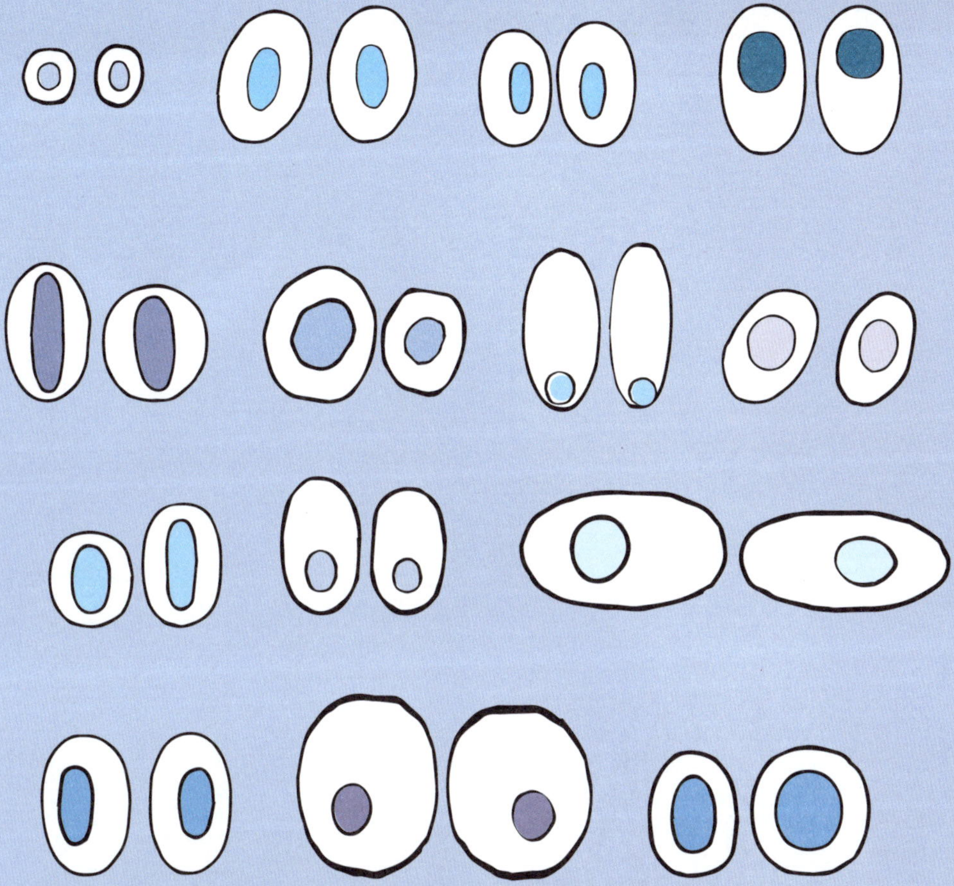

NA NATUREZA, TODAS AS FLORES SÃO DIFERENTES ENTRE SI, ASSIM COMO OS SEIOS: FORMATO PERA, REDONDOS; IRREGULARES; MAIORES, MENORES; MOLINHOS, FIRMES; COM ARÉOLAS MAIS CLARAS OU MAIS ESCURAS; COM BICOS GRANDES, RETOS, PONTUDOS, VIRADOS PARA DENTRO... CADA UM COM SUA BELEZA E SUA PERSONALIDADE PRÓPRIA.

"'Você ainda quer entrar?', disse o Lacaio. 'Esta é a primeira pergunta, você sabe.' Alice não gostou que lhe dissessem isso. 'É realmente espantosa', murmurou para si mesma, 'a maneira com que essas criaturas falam. É o suficiente para deixar qualquer um maluco!'. O Lacaio parecia pensar que aquela seria uma boa oportunidade de repetir sua fala, com variações. 'Eu devo sentar aqui', disse ele, 'de vez em quando, por dias e dias'."

QUANDO FICAMOS CONFUSAS, SEM ENTENDER NADA DO QUE ESTÁ ACONTECENDO CONOSCO OU AO NOSSO REDOR, É IMPORTANTE PARAR, SENTAR, REFLETIR E RECONHECER NOSSOS SENTIMENTOS. COMO VOCÊ FAZ? PERGUNTA PARA SI MESMA? ESCREVE UM DIÁRIO, POSTA SEUS PENSAMENTOS, PROCURA AQUELA PESSOA EM QUEM VOCÊ TANTO CONFIA?

OLHAR A LUA E AS ESTRELAS NOS AJUDA A REFLETIR BASTANTE.

MUITA GENTE ESTUDA E DECIFRA AS ESTRELAS, SEJAM OS CIENTISTAS E OS ASTRÔNOMOS, SEJAM OS ASTRÓLOGOS COM SEUS MAPAS ASTRAIS. ACREDITANDO OU NÃO NA INFLUÊNCIA DOS ASTROS, UMA COISA É CERTA: **TODAS AS PESSOAS, EM QUALQUER LUGAR DO MUNDO, QUANDO OLHAM PARA O CÉU ESTÃO VENDO A MESMA LUA E O MESMO SOL.**

ALICE OLHOU PARA A LUA CRESCENTE POR MUITO TEMPO ATÉ ACHAR QUE A LUA SORRIA PARA ELA. COMO NAQUELE LUGAR NADA PARECIA SER O QUE REALMENTE ERA, ALICE PERCEBEU QUE NÃO ERA A LUA CRESCENTE, E SIM UM GATO COM UM SORRISO DE ORELHA A ORELHA.

O GATO listrado com um sorriso de orelha a orelha era um animal simpático, sempre disposto a responder às perguntas da Alice. Apesar de ela conseguir se comunicar claramente, as respostas do gato não eram muito objetivas. O GATO listrado e risonho provoca na Alice várias reflexões sobre as escolhas dela e sobre loucura. O que seria loucura em uma história tão estranha? O sorriso do GATO se parece com a lua crescente, por isso nesta história ele representa as fases da lua.

ALICE ENCONTRA UM GATO MISTERIOSO QUE SORRI E TEM PODERES DE APARECER E DESAPARECER.

sorrisodogatodealice

alice_supermaravilhosa O senhor poderia me dizer, por favor, qual o caminho que devo tomar para sair daqui?

sorrisodogatodealice Isso depende muito de para onde você quer ir.

alice_supermaravilhosa Não me importo muito para onde...

sorrisodogatodealice Então não importa o caminho que você escolha.

alice_supermaravilhosa ... contanto que dê em algum lugar.

sorrisodogatodealice Oh, você pode ter certeza de que vai chegar, se você caminhar bastante.

NOSSA, QUANTAS REFLEXÕES!!!

COMO É QUE A GENTE SABE QUAL É O MELHOR CAMINHO A SEGUIR? A GENTE ATÉ PODE AVALIAR AS OPÇÕES, MAS É DIFÍCIL TER CERTEZA ABSOLUTA... EM UMA COISA O GATO PODE ESTAR CERTO: O IMPORTANTE É SEGUIR EM FRENTE, JÁ QUE TODOS OS CAMINHOS LEVAM A ALGUM LUGAR... SE CAMINHARMOS BASTANTE, CLARO!

O GATO RISONHO DISSE TAMBÉM QUE NAQUELE PAÍS TODOS ERAM MALUCOS, INCLUSIVE ELE E ELA. ALICE FICOU INDIGNADA! NÃO SE CONSIDERAVA LOUCA. O GATO CONTINUAVA AFIRMANDO QUE ELA DEVERIA TER ALGUMA MALUQUICE DENTRO DELA, JÁ QUE ELA ESTAVA NAQUELE PAÍS CHEIO DE MARAVILHAS.

O QUE O GATO QUERIA DIZER COM "LOUCURA"?

PENSANDO BEM, COM TODOS AQUELES NOVOS HORMÔNIOS CIRCULANDO NO SEU CORPO, NEM MESMO ALICE SE RECONHECIA: HUMOR, CORAGEM, CURIOSIDADE, MEDOS, ANSIEDADE, FANTASIAS, SONHOS, TUDO, TUDO ESTAVA DIFERENTE, POR DENTRO E POR FORA.

A IMAGEM DO GATO RISONHO ESTÁ ASSOCIADA AOS MISTÉRIOS DA LUA, QUE EXERCE UMA GRANDE INFLUÊNCIA NA TERRA E EM SEUS HABITANTES. A LUA INFLUENCIA O PLANTIO DAS SEMENTES E O VOLUME DAS ÁGUAS DO PLANETA. VOCÊ SABIA QUE AS MARÉS SOBEM E DESCEM DUAS VEZES POR DIA E QUE, DEPENDENDO DA LUA, PODEM VARIAR MAIS DE DOIS METROS? OUTRA CURIOSIDADE É QUE A LUZ DA LUA CHEIA É CERCA DE QUINZE VEZES MAIS POTENTE QUE A DAS OUTRAS FASES E QUE ESSA CLARIDADE PODE, INCLUSIVE, INFLUENCIAR OS HORMÔNIOS DE TODOS OS SERES VIVOS.

NOS SERES HUMANOS, OS EFEITOS DAS FASES DA LUA PODEM ESTAR RELACIONADOS COM O COMPORTAMENTO DAS PESSOAS, O HUMOR, O CRESCIMENTO DOS CABELOS E DAS UNHAS, O INCHAÇO DO CORPO, O NASCIMENTO DOS BEBÊS E, TAMBÉM, OS CICLOS FEMININOS.

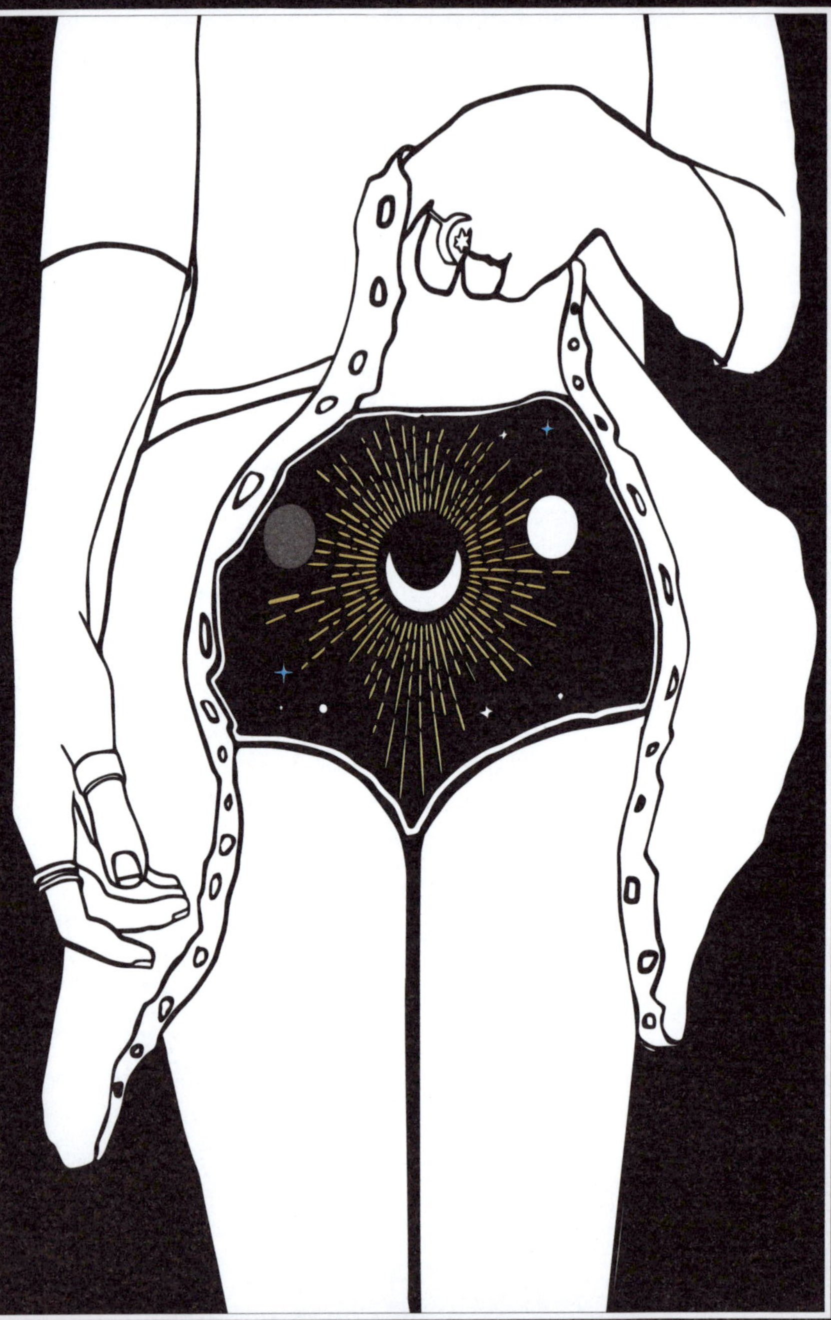

CHAMAMOS DE CICLO REPRODUTIVO OU CICLO MENSTRUAL O TEMPO ENTRE UMA MENSTRUAÇÃO E OUTRA.

O CICLO MENSTRUAL COMEÇA NO PRIMEIRO DIA DA MENSTRUAÇÃO E ACABA QUANDO O PRÓXIMO CICLO INICIA. PARA A MAIORIA DAS PESSOAS OS CICLOS SÃO DE 28 DIAS, O QUE É MUITO PARECIDO COM O CICLO DA LUA (29 dias e 12 horas e 44 minutos). DE CERTA FORMA, PODE-SE DIZER QUE AS ALTERAÇÕES DAS FASES DA LUA NO CÉU ACONTECEM TAMBÉM DENTRO DO NOSSO CORPO.

Não se preocupe se o seu ciclo for diferente! Ciclos menores ou maiores são normais. Para cerca de um terço das pessoas que ciclam, no mundo, a menstruação pode atrasar ou adiantar em até duas semanas uma vez por ano.

NOS PRIMEIROS ANOS APÓS A MENARCA (primeira menstruação), É SUPERNORMAL QUE O CICLO SEJA IRREGULAR. À MEDIDA QUE O CORPO VAI SE DESENVOLVENDO E SE ACOSTUMANDO COM O NOVO SISTEMA OPERACIONAL DOS NOVOS HORMÔNIOS, OS CICLOS VÃO SE TORNANDO MAIS REGULARES.

OS CICLOS REPRODUTIVOS FEMININOS FAZEM PARTE DE UMA NATUREZA UNIVERSAL. SÃO SUPERSENSÍVEIS E PODEM FICAR IRREGULARES POR CAUSA DE ESTRESSE, ABORRECIMENTOS, MUDANÇAS DRÁSTICAS DE ROTINA, ALIMENTAÇÃO, DIETAS, CONDIÇÕES FÍSICAS E EMOCIONAIS, EM QUALQUER PESSOA DE QUALQUER IDADE. (Você sabia que, se a gente ficar muito magra, pode deixar de menstruar? Isso é uma resposta do corpo para economizar energia. Se isso ocorrer, procure ajuda de um profissional de saúde ou nutricionista.)

VOCÊ COSTUMA OLHAR PRA LUA?

SE OBSERVARMOS A LUA, PARA VERMOS EM QUAL FASE ELA ESTÁ NOS DIAS DA NOSSA MENSTRUAÇÃO, E PASSARMOS A ANOTAR EM UM PAPEL TANTO A FASE DA LUA COMO A FASE DO NOSSO CICLO, PODEREMOS VER QUE AS DUAS TENDEM A CAMINHAR JUNTAS E SUPOR O PERÍODO PROVÁVEL DO CICLO DA OVULAÇÃO.

OLHAR A LUA E O CICLO PODE NOS AJUDAR A IDENTIFICAR O NOSSO PRÓPRIO RITMO. EMBORA SOE MEIO ESTRANHO, FUNCIONA. (Esse exercício se chama Mandala Lunar e será explicadinho mais para a frente.)

QUASE TODAS AS ESPÉCIES DE MAMÍFEROS TÊM CIO, QUE É UMA FORMA DE SINALIZAÇÃO DA OVULAÇÃO (em outras palavras, logo após a manifestação do sangramento, as fêmeas entram na fase fértil: demonstram receptividade sexual, ficam com os genitais inchados e exalam um cheiro diferente para atrair os machos da sua espécie).

NÓS SOMOS A ÚNICA ESPÉCIE MAMÍFERA QUE, NORMALMENTE, MENSTRUA E OVULA EM MOMENTOS OPOSTOS NO MÊS.

SÃO QUATRO AS FASES DO CICLO:

PRÉ-OVULATÓRIA, OVULATÓRIA,

PRÉ-MENSTRUAL E MENSTRUAL.

SÃO QUATRO AS FASES DA LUA:

CRESCENTE, CHEIA, MINGUANTE E NOVA.

O VAIVÉM DOS HORMÔNIOS PODE INFLUENCIAR MUITAS COISAS: NOSSO CORPO, NOSSAS ATITUDES, NOSSOS IMPULSOS, NOSSO HUMOR... ELES NOS FAZEM PASSAR POR QUATRO MANEIRAS DIFERENTES DE NOS RELACIONARMOS COM A VIDA E INFLUENCIAM ATÉ O NOSSO NÍVEL DE ATENÇÃO, NA CAPACIDADE DE PERCEBER AS COISAS AO NOSSO REDOR. A VANTAGEM DE SABER E ENTENDER O QUE SE PASSA EM CADA FASE DO SEU CICLO É PODER TIRAR PROVEITO DE CADA UMA.

UMA CARACTERÍSTICA HUMANA É O FATO DE A OVULAÇÃO SER UMA FASE OCULTA DENTRO DO CORPO (o sexo oposto não percebe nem é atraído por sinais aparentes, como nos animais; algumas mulheres têm a sensibilidade de perceber quando estão ovulando com uma fisgada ou sensação dolorosa no pé da barriga, do lado direito ou do esquerdo – dependendo do ovário que esteja "em ação"). O SINAL DE QUE TUDO ESTÁ BEM COM SEU CICLO É A MENSTRUAÇÃO, QUE É A ÚNICA FASE VISÍVEL DO CICLO E QUE, CURIOSAMENTE, SÓ VAI SE MANIFESTAR APÓS O PERÍODO FÉRTIL.

UM DOS BENEFÍCIOS DE SABER A LUA NA QUAL VOCÊ MENSTRUA É DEDUZIR O PERÍODO APROXIMADO EM QUE VOCÊ OVULA (para ciclos de 28 a 30 dias) E, ASSIM, PODER ENTENDER OS RITMOS DE ALTERAÇÃO DO SEU CORPO. POR EXEMPLO:

MENSTRUA NA LUA CRESCENTE – OVULA NA LUA MINGUANTE.
MENSTRUA NA LUA MINGUANTE – OVULA NA LUA CRESCENTE.
MENSTRUA NA LUA NOVA – OVULA NA LUA CHEIA.
MENSTRUA NA LUA CHEIA – OVULA NA LUA NOVA.

ALÉM DA LUA, OS CICLOS FEMININOS PODEM SER COMPARADOS COM AS ESTAÇÕES DO ANO. NAS PRÓXIMAS PÁGINAS, TUDO ISSO SERÁ EXPLICADO DE VÁRIAS FORMAS DIFERENTES. VEJA QUAL FORMA É MAIS FÁCIL PARA VOCÊ ENTENDER. LEMBRANDO QUE NÃO HÁ MISTÉRIO: TODAS AS ALTERAÇÕES DOS CICLOS SÃO CONSEQUÊNCIAS DE PROCESSOS QUÍMICOS HORMONAIS. AS ASSOCIAÇÕES COM A LUA E AS ESTAÇÕES DO ANO AQUI REPRESENTADAS SÃO MANEIRAS DE ENTENDER MELHOR O QUE ESTÁ ACONTECENDO INTERNAMENTE.

OBS.: identificar os ciclos pela lua é uma dica que serve apenas para você se conectar com o período da ovulação e não deve ser usada como um método para evitar gravidez.

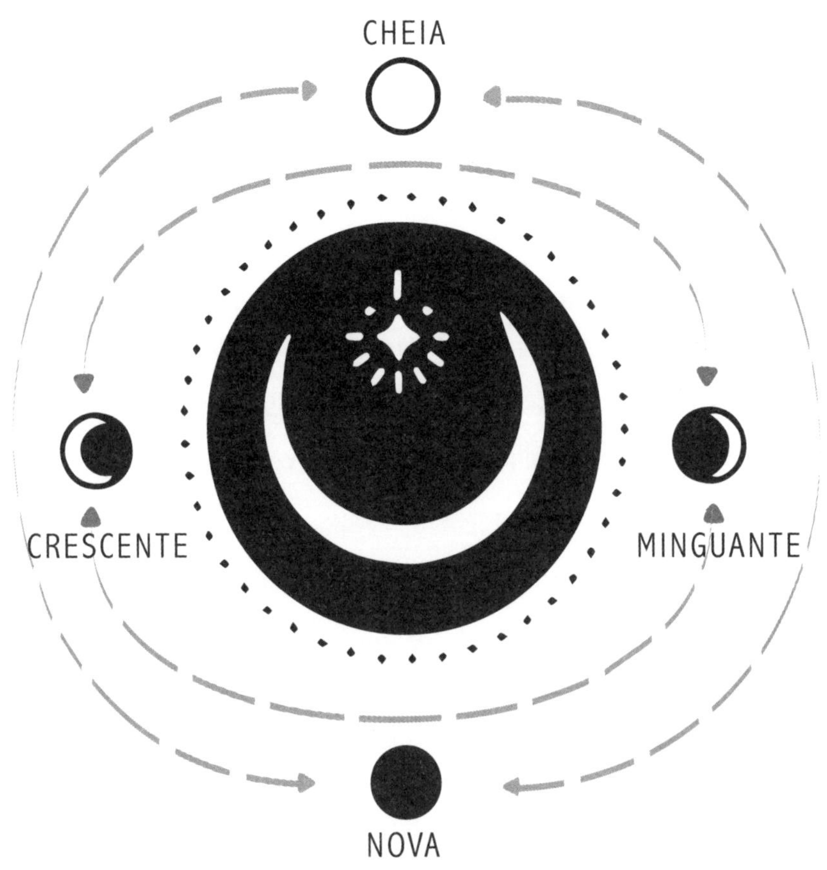

Lua oposta:

CRESCENTE × MINGUANTE.

CHEIA × NOVA.

VÁRIAS COISAS NO UNIVERSO TÊM QUATRO FASES: A LUA, AS ESTAÇÕES DO ANO E OS CICLOS FEMININOS.

A PALAVRA CICLO QUER DIZER UMA VOLTA COMPLETA. IMAGINE QUE A CADA MÊS SEU CORPO PASSA POR TODAS AS FASES DA LUA E POR TODAS AS ESTAÇÕES DO ANO.

COMO É A PRIMAVERA? É UMA ESTAÇÃO ALEGRE, EM QUE AS FOLHAS E AS FLORES CRESCEM E DESABROCHAM. ASSIM É A **FASE FOLICULAR OU PRÉ-OVULATÓRIA**, QUANDO VÁRIOS OVÓCITOS SÃO ESTIMULADOS E O MAIS FORTE SE TORNA ÓVULO. A **FASE OVULATÓRIA** É COMO O VERÃO: UM MOMENTO DE MUITA LUZ E ENERGIA PARA UM ÓVULO QUE VAI PARTIR PARA A SUA JORNADA (lembrando que o óvulo é a semente humana que vai ser lançada pelo ovário em direção às trompas e ao útero; ele poderá ser fertilizado por um espermatozoide se houver uma relação sexual sem uso de métodos contraceptivos). NA MAIORIA DAS VEZES E PARA A MAIORIA DAS PESSOAS, O NOSSO CORPO "PREPARA" UM ÓVULO TODOS OS MESES. SE O ÓVULO NÃO FOR FECUNDADO, ELE FARÁ UM CAMINHO DE "DESPEDIDA" DO CORPO. ESSA É A FASE QUE VEM DEPOIS DA OVULATÓRIA; É A **FASE LÚTEA OU PRÉ-MENSTRUAL**, QUE CORRESPONDE AO OUTONO. E, DEPOIS, **NA FASE MENSTRUAL**, OCORRERÁ A LIBERTAÇÃO DE TODA A ENERGIA QUE FOI CONTIDA NO CICLO. É O INVERNO MENSAL, UM PERÍODO DE RECOLHIMENTO PARA O CORPO RECUPERAR AS ENERGIAS E JÁ COMEÇAR A SE PREPARAR PARA UM NOVO CICLO.

OBSERVE QUE o primeiro dia do ciclo é o primeiro dia da menstruação, que está embaixo no esquema a seguir, já que o nosso sangue sai do útero em direção às nossas pernas, enquanto o óvulo é lançado dos ovários para cima em direção às trompas, por isso o período da ovulação está em cima.

Na **FASE FOLICULAR OU PRÉ-OVULATÓRIA**:

- há o estímulo de vários ovócitos e o amadurecimento de um;
- você está superenergizada;
- aumentam a função cerebral e a concentração;
- a pele fica linda;
- você está super de bom humor;
- o momento é ótimo para começar projetos;
- a estação do ano correspondente seria a PRIMAVERA;
- inclua na alimentação macarrão, arroz e legumes, para ajudar a regular os níveis de estrogênio (que é o hormônio principal dessa fase). Soja, azeite de oliva, aipo, brócolis e ameixa são estrógenos naturais.

A **OVULAÇÃO** é a fase em que:

- o óvulo é lançado para fora do ovário;
- temos conexão com o amor;
- nos sentimos poderosíssimas e com a autoestima lá em cima;
- a pele fica melhor do que em qualquer outra fase;
- o momento é ótimo para atividades físicas, passear e se divertir;
- o VERÃO seria a estação do ano correspondente;
- é legal incluir na alimentação legumes e carnes, batatas, grãos, abacate e óleo de milho, que aumentam e promovem a progesterona natural (a progesterona é o hormônio principal dessa fase).

Período em que ocorrerá
Ovulação ♡
será por mais de 24 horas entre o 12º e o 17º dia

Amadurecimento do
Folículo
do 8º ao 11º dia

do 18º ao 25º dia

Dias que poderá durar a
Menstruação
do 1º ao 7º dia

Período da fase
Lútea
do 25º ao 28º dia

Fase Folicular

Fase Lútea

1 2 3 4 5 6 7 8 9 10 11 12 13 14 15 16 17 18 19 20 21 22 23 24 25 26 27 28

Na **MENSTRUAÇÃO**, nos primeiros dias:

- a pele fica seca;
- você pode se sentir mais cansada, com baixo nível de energia, mas pode ter boas inspirações;
- a imunidade fica mais baixa;
- o momento é de recolhimento, de ficar mais em casa, de refletir sobre como foi o mês, de menos atividade física;
- o momento é ideal para encontrar as melhores amigas e conversar, para ficar com a família, para fazer arrumações;
- a estação do ano correspondente seria o INVERNO;
- inclua na alimentação laranja, salsinha, peixe e outros alimentos com ômega 3. Se tem prisão de ventre, evite a banana.

Na **FASE LÚTEA OU PRÉ-MENSTRUAL**:

- você está introspectiva e mais intuitiva;
- a impaciência é acentuada;
- precisa ter cuidado com atitudes impulsivas e oscilação de humor – a vantagem é que você percebe qualquer tensão no ar;
- a pele tende a ficar mais oleosa;
- você pode ficar ansiosa;
- a estação do ano correspondente seria o OUTONO;
- inclua na alimentação peixes e alimentos ricos em fibras, verduras de folhas escuras, beterraba, milho e cereais integrais, para evitar prisão de ventre, e reduza ou evite o sal para não ficar tão inchada.

COLO DO ÚTERO/CÉRVIX

NA PARTE MAIS BAIXA DO ÚTERO FICA O COLO DO ÚTERO OU CÉRVIX, QUE É UM ELEMENTO DE INTERLIGAÇÃO DA VAGINA E O ÚTERO. É UM MÚSCULO BEM FORTE E COMPLEXO, PARECIDO COM UM NARIZ COM UM FURINHO NO MEIO E QUE TEM A LARGURA DE UMA MOEDA.

VOCÊ SABIA QUE OS NOSSOS ÓRGÃOS SEXUAIS SE MOVIMENTAM DENTRO DO NOSSO CORPO? VOCÊ PODERÁ PERCEBER PELO COLO, QUE ESTARÁ MAIS BAIXO NA ÉPOCA DA MENSTRUAÇÃO E MAIS ALTO NA OVULAÇÃO. O COLO É UM LUGAR DE PROTEÇÃO E SEGURANÇA MÁXIMA. NORMALMENTE, ELE MANTÉM SEU FURINHO FECHADO. ESSE FURINHO SE ABRE UM POUCO NA OVULAÇÃO, PARA DEIXAR ENTRAR O ESPERMATOZOIDE, E NA MENSTRUAÇÃO, PARA O SANGUE SAIR. SÓ NO PARTO NORMAL QUE ELE ABRE DE VERDADE.

O COLO DO ÚTERO É TAMBÉM RESPONSÁVEL PELA PRODUÇÃO DO MUCO (OU FLUIDO) QUE DESCE PELO CANAL VAGINAL. O MUCO QUE SAI DA VAGINA É UMA MANIFESTAÇÃO DO QUE ACONTECE NO INTERIOR DO CORPO. ELE MANTÉM A UMIDADE DA VAGINA E INFORMA A GENTE SOBRE O MOMENTO DA OVULAÇÃO E DA MENSTRUAÇÃO. APRENDER A OLHAR E IDENTIFICAR A TEXTURA, A ELASTICIDADE E O CHEIRO NOS AJUDA A AMPLIAR A NOSSA CONEXÃO COM NÓS MESMAS E A FICARMOS ATENTAS CASO ALGUMA COISA NÃO ESTEJA INDO BEM.

A MELHOR FORMA DE ANALISAR O MUCO É ENCOSTARMOS O PAPEL HIGIÊNICO OU RECOLHERMOS UM POUCO COM O DEDO NA ENTRADA DA VAGINA. QUANDO FAZEMOS COCÔ, A CONTRAÇÃO DO INTESTINO FACILITA A SAÍDA DO MUCO, POR ISSO PASSE UM PAPEL LIMPO NA VULVA. OBSERVAR A CALCINHA PODE CONFUNDIR, POR CAUSA DA UMIDADE DA VAGINA.

A PRESENÇA DO MUCO SIGNIFICA A POSSIBILIDADE DE OVULAÇÃO E DE FERTILIDADE.

LOGO APÓS A MENSTRUAÇÃO OU QUANDO ESTAMOS PERTO DELA, O MUCO ESTARÁ AUSENTE OU ESTÉRIL. O MUCO ESTÉRIL É GROSSO, PASTOSO, OPACO; PODE SER BRANCO OU AMARELADO. ELE FICA ACUMULADO NO DEDO, COMO UM IOGURTE AZEDO. ESSE MUCO É BEM ÁCIDO PARA PREVENIR BACTÉRIAS.

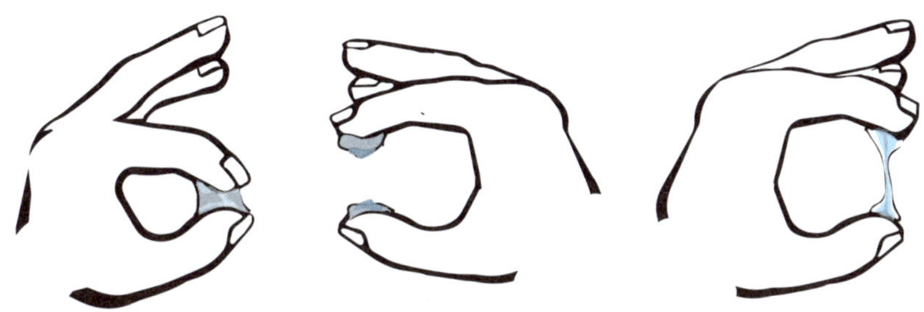

O MUCO FÉRTIL APARECE NO PERÍODO PRÉ-OVULATÓRIO. QUANDO ELE ESTIVER LEITOSO OU AGUADO, MAIS VISCOSO, SERÁ O PERÍODO FÉRTIL. O ASPECTO DE CLARA DE OVO CRUA, BEM ELÁSTICA, SIGNIFICA O PERÍODO DA OVULAÇÃO. NESSA FASE, O MUCO É TRANSPARENTE (pH alto, sem acidez) PARA ALIMENTAR OS ESPERMATOZOIDES E FACILITAR A ENTRADA DELES NO ÚTERO. ELE DEIXA A VULVA MAIS ÚMIDA. A MENSTRUAÇÃO SEMPRE SERÁ CERCA DE DUAS SEMANAS APÓS A OVULAÇÃO, QUANDO O MUCO ESTAVA ELÁSTICO.

O MUCO PODE VARIAR DE ACORDO COM O ESTRESSE, A ALIMENTAÇÃO (consumo de carne vermelha deixa o cheiro mais forte) E O USO DE ROUPAS SINTÉTICAS E PRODUTOS DE HIGIENE ÍNTIMA (produtos industrializados, vendidos em farmácias e supermercados, e ducha íntima desequilibram a flora vaginal).

ATENÇÃO! CORRIMENTOS E SECREÇÕES DE CONSISTÊNCIA OU CHEIRO FORA DO SEU PADRÃO E COM ASPECTO DE ESPUMA OU COLORAÇÃO COMO CINZA, AMARELA-ESCURA OU VERDE PRECISAM DOS CUIDADOS DE UM PROFISSIONAL DE SAÚDE. PROCURE AJUDA!

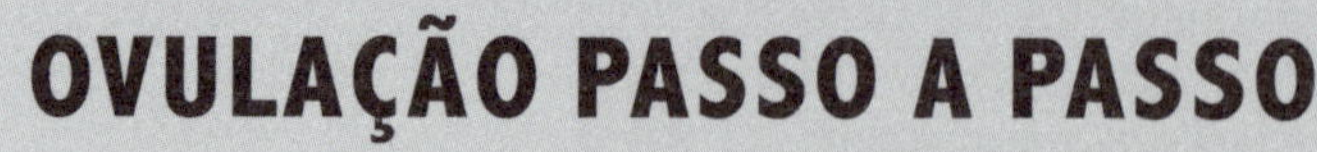

OVULAÇÃO PASSO A PASSO

VOCÊ SABIA QUE A OVULAÇÃO COMEÇA NO CÉREBRO? DESDE OS PRIMEIROS DIAS DO COMEÇO DA MENSTRUAÇÃO, O HIPOTÁLAMO E A "BFF" HIPÓFISE MANDAM UMA CHUVA DE HORMÔNIO **FSH** (folículo-estimulante) PARA OS OVÁRIOS (imagine o FSH regando as sementes de um jardim). VÁRIOS FOLÍCULOS VÃO DESPERTAR OVÓCITOS AO MESMO TEMPO PARA UM NOVO CICLO. **É O INÍCIO DA PRIMAVERA DENTRO DOS OVÁRIOS!**

O FLUXO MENSTRUAL TERMINA. É UMA FASE SECA, SEM SECREÇÃO/MUCO CERVICAL, E O FURINHO DO COLO ESTÁ FECHADO.

DEPOIS DE ALGUNS DIAS, O HORMÔNIO **FSH** DIMINUI BASTANTE, E SOBRA O SUFICIENTE APENAS PARA O **FOLÍCULO COM O OVÓCITO DOMINANTE VIRAR UM ÓVULO**. PODE ACONTECER QUE, EM ALGUNS CICLOS, NÃO AMADUREÇA NENHUM OVÓCITO (é o que se chama de ciclo anovulatório), E TAMBÉM PODE ACONTECER DE AMADURECER MAIS DE UM (como no caso de gêmeos não idênticos).

ATUANDO NO PAPEL DE GLÂNDULAS, OS OVÁRIOS PRODUZEM O HORMÔNIO **ESTROGÊNIO** (o mesmo que estimulou o crescimento das mamas, dos pelos e dos órgãos sexuais). O ESTROGÊNIO (também chamado de estrógeno) FAZ COM QUE O FOLÍCULO AMADUREÇA E DESENVOLVA O ÓVULO. **IMAGINE O FOLÍCULO COMO UM CASULO COM UMA BORBOLETA** (lembra-se da fase da borboleta incubada em crisálida? No caso, a borboleta seria o ovócito amadurecendo como óvulo que está sendo preparado para ser lançado para fora dos ovários). **A FASE DE PRÉ-OVULAÇÃO É A PLENA PRIMAVERA.** O MUCO DESSA FASE PODERÁ SER AQUOSO, BRANCO E CREMOSO. O FURINHO DO COLO DO ÚTERO ESTÁ ABERTO. **Isso poderá ser um sinal de aproximação da fertilidade, cuidado!**

QUANDO A GLÂNDULA HIPÓFISE (NO CÉREBRO) RECEBER A INFORMAÇÃO DE QUE O OVÓCITO ESTÁ MADURO, ELA VAI MANDAR UMA "POWER" DOSE DO HORMÔNIO **LH** (hormônio luteinizante) E UMA SUPERDOSE DE OUTRO HORMÔNIO, O **FSH**, PARA DAR FORÇA AO LANÇAMENTO DO ÓVULO (para cima) EM DIREÇÃO ÀS TROMPAS (que são o caminho que leva ao útero). ASSIM ACONTECE A OVULAÇÃO: A FASE EXPULSIVA **É COMO UM VERÃO** ENSOLARADO. O ÓVULO MADURO TERÁ POUCO MAIS DE 24 HORAS DE VIDA DENTRO DAS TROMPAS. É DIFÍCIL PREVER A DATA PRECISA DA OVULAÇÃO, POIS ELA PODE MUDAR E ATRASAR. O MAIS PROVÁVEL É QUE ELA ACONTEÇA ENTRE O 12º E O 17º DIA DO CICLO (considerando um ciclo de 28 dias). O MUCO CERVICAL ESTARÁ PARECIDO COM UMA CLARA DE OVO, ELÁSTICO, LÍMPIDO, E O FURINHO DO COLO DO ÚTERO ESTARÁ ABERTO.

O FOLÍCULO VAZIO DENTRO DOS OVÁRIOS PASSA A SE CHAMAR **CORPO LÚTEO** (imagine o corpo lúteo como a crisálida vazia depois que a borboleta voou e que ainda tem a missão de informar ao meio ambiente que há uma nova borboleta voando por aí). O CORPO LÚTEO PRECISA INFORMAR AO ÚTERO QUE UM ÓVULO ESTÁ INDO EM SUA DIREÇÃO. SERÁ PRODUZIDO O HORMÔNIO **PROGESTERONA**, QUE ESTIMULARÁ O ÚTERO A ENGROSSAR SUA CAMADA INTERNA, CHAMADA DE ENDOMÉTRIO, RESPONSÁVEL POR ACOLHER E ANINHAR O ÓVULO CASO ELE SEJA FECUNDADO (suponha que o endométrio seja um lugar bem macio, como um ninho de pétalas de rosas). **SE O ÓVULO NÃO FOR FECUNDADO, O CORPO LÚTEO SE DESMANCHARÁ**, E A QUANTIDADE DE PROGESTERONA DIMINUIRÁ. ESSA FASE, QUE É **A PRÉ-MENSTRUAL, É COMO O OUTONO** DO CORPO E DURA CERCA DE UMA SEMANA. O MUCO QUE ERA ELÁSTICO VOLTA A FICAR OPACO E GROSSO E PODE SER SECO. O FURINHO DO COLO DO ÚTERO ESTARÁ FECHADO.

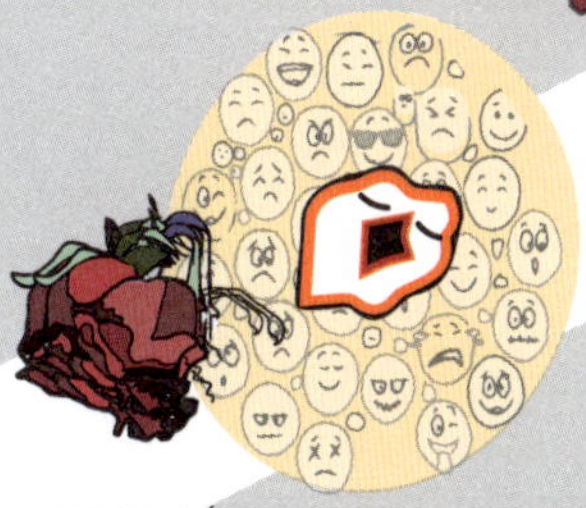

QUANDO A PROGESTERONA DEIXA DE SER PRODUZIDA, O ENDOMÉTRIO SE DESFAZ E SAI PELA VAGINA EM FORMA DE MENSTRUAÇÃO. JÁ COMEÇOU UM OUTRO CICLO: PARA O SANGUE MENSTRUAL SAIR, O COLO DO ÚTERO VOLTOU A SE ABRIR, E O MUCO FICOU AMARELADO, VERMELHO INTENSO OU TRANSPARENTE COM RAIOS VERMELHOS. **A MENSTRUAÇÃO CORRESPONDE AO NOSSO INVERNO** E SERÁ SEMPRE DUAS SEMANAS APÓS A OVULAÇÃO.

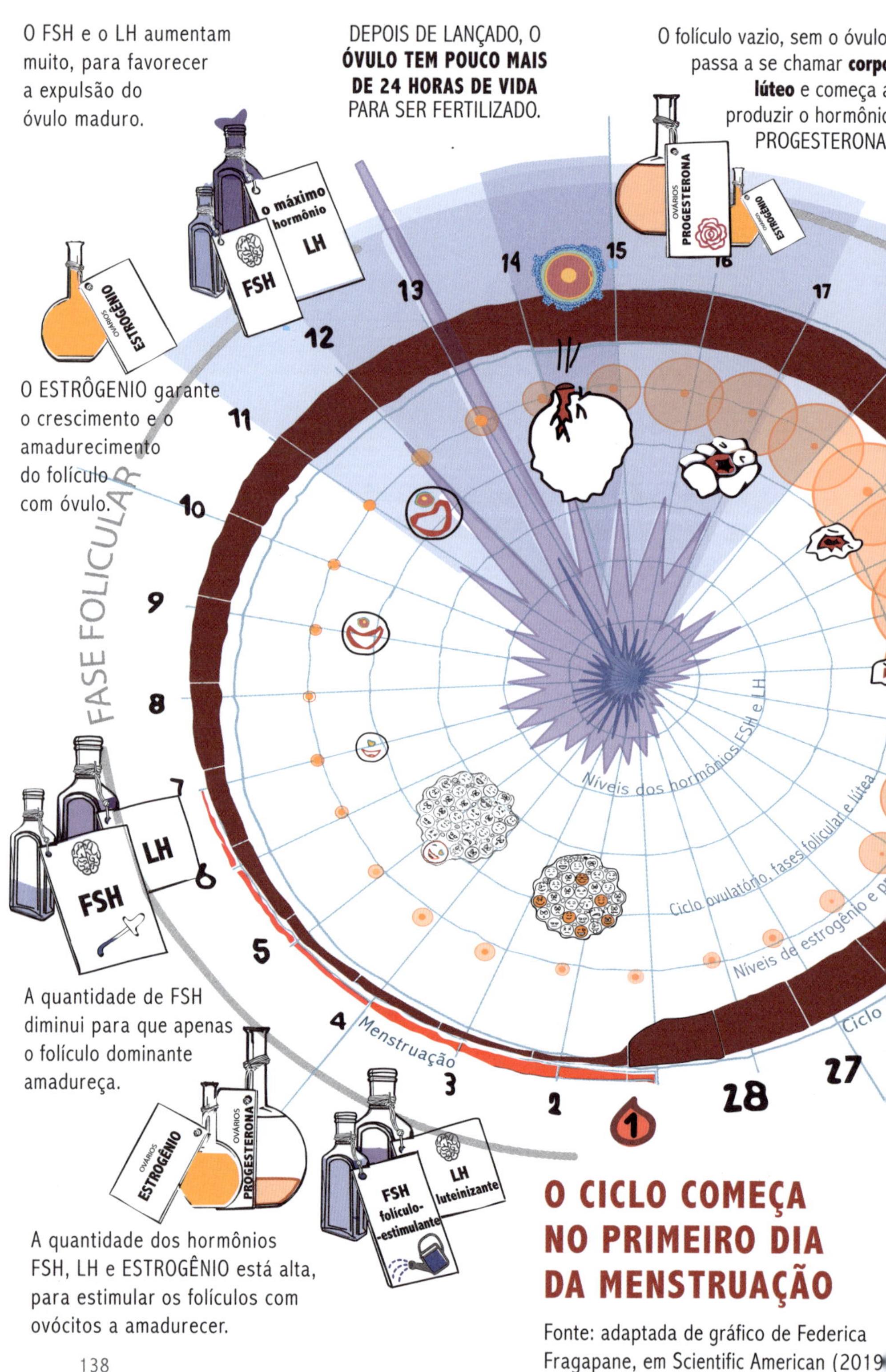
O FSH e o LH aumentam muito, para favorecer a expulsão do óvulo maduro.
DEPOIS DE LANÇADO, O **ÓVULO TEM POUCO MAIS DE 24 HORAS DE VIDA** PARA SER FERTILIZADO.
O folículo vazio, sem o óvulo, passa a se chamar **corpo lúteo** e começa a produzir o hormônio PROGESTERONA.
o máximo hormônio
LH
FSH
OVÁRIOS
ESTROGÊNIO
OVÁRIOS
PROGESTERONA
OVÁRIOS
ESTROGÊNIO
O ESTRÔGENIO garante o crescimento e o amadurecimento do folículo com óvulo.
FASE FOLICULAR
Níveis dos hormônios FSH e LH
Ciclo ovulatório, fases folicular e lútea
Níveis de estrogênio e
Menstruação
Ciclo
1
2
3
4
5
6
7
8
9
10
11
12
13
14
15
16
17
27
28
LH
FSH
A quantidade de FSH diminui para que apenas o folículo dominante amadureça.
OVÁRIOS
ESTROGÊNIO
OVÁRIOS
PROGESTERONA
FSH folículo-estimulante
LH luteinizante
A quantidade dos hormônios FSH, LH e ESTROGÊNIO está alta, para estimular os folículos com ovócitos a amadurecer.
O CICLO COMEÇA NO PRIMEIRO DIA DA MENSTRUAÇÃO
Fonte: adaptada de gráfico de Federica Fragapane, em Scientific American (2019

LEGENDA DO CICLO
Dia do ciclo – o dia 1 do ciclo é o primeiro dia da menstruação (esse desenho é para o ciclo de 28 dias).
Espessura da parede do endométrio (dentro do útero).
Hormônios produzidos nos ovários:
Estrogênio é a bolinha no meio.
Progesterona é o círculo maior e mais claro.
Corpo lúteo (depois da ovulação, pois antes da ovulação é chamado de folículo).
Hormônios produzidos na hipófise (no cérebro):
LH (hormônio luteinizante) são os raios maiores e mais claros.
FSH (hormônio folículo-estimulante) são os raios menores, no centro.
FASE LÚTEA
18
19
20
21
22
23
24
25
OVÁRIOS
ESTROGÊNIO
OVÁRIOS
PROGESTERONA
FSH e LH
a falta da progesterona faz menstruar

A PROGESTERONA avisa a camada UTERINA para preparar o ninho para receber um zigoto (nome do óvulo se ele tiver sido fecundado). O ninho é o ENDOMÉTRIO, camada de sangue acumulado que engrossa colada na parede do útero.

Durante esse processo, o cérebro não envia FSH e LH, para não estimular outros folículos.

Se o óvulo **NÃO** for fecundado, o corpo lúteo vai se desintegrar, a **PROGESTERONA não será mais produzida** e o ENDOMÉTRIO (sangue acumulado para receber o óvulo se tivesse sido fecundado) não vai mais receber mensagens para continuar a crescer, começando então a se soltar da parede do útero.
A menstruação virá em poucos dias. Menstruação nunca atrasa; ela sempre ocorrerá duas semanas após a ovulação. **O que pode atrasar é a ovulação**.

A COMPLEXIDADE FEMININA DOS HORMÔNIOS É COORDENADA PELO CÉREBRO E PELOS OVÁRIOS.

MANDALA DO CICLO DA ALICE

ESSE É UM GRÁFICO PARA PREENCHERMOS TODOS OS DIAS. CADA FATIA É UM DIA, E NO FINAL DO CICLO PODEREMOS OBSERVAR AS NOSSAS MUDANÇAS. O PRIMEIRO DIA DO CICLO É O DIA DA MENSTRUAÇÃO. MARCAMOS NAS ◯ A FASE DA LUA DE CADA DIA, COMEÇANDO POR AQUELA DO DIA DA MENSTRUAÇÃO. AS GOTAS VERMELHAS REPRESENTAM O FLUXO MENSTRUAL. NAS GOTAS AZUIS MARCAMOS A CONSISTÊNCIA DO MUCO. PINTE PREENCHENDO A GOTA SE O MUCO FOR OPACO E PINTE SÓ O CONTORNO SE FOR TRANSPARENTE. MARQUE TAMBÉM COMO ESTÁ A SUA PERCEPÇÃO SOBRE A SUA DISPOSIÇÃO FÍSICA E, NA LINHA SEGUINTE, SOBRE SEUS SENTIMENTOS E EMOÇÕES. O SEU HUMOR VOCÊ COMPLETA NAS CARINHAS, E POR FIM VOCÊ MARCA O SEU NÍVEL DE ENERGIA NA IMAGEM DA PILHA CORRESPONDENTE.

ESTE ESQUEMA MOSTRA UM EXEMPLO: O INÍCIO DESTE CICLO FOI NA LUA NOVA (o círculo está preenchido, como pode ver à esquerda). O FLUXO MENSTRUAL ESTAVA MAIOR NO PRIMEIRO DIA, E NÃO HAVIA MUCO CERVICAL. O NÓ REPRESENTA CÓLICA, E A PELE ESTAVA . O SENTIMENTO ERA DE INSEGURANÇA ; O EMOJI REVELA QUE ESTAVA CHOROSA E A PILHA ESTAVA BEM FRACA.

NESTA OUTRA ETAPA A FASE É A LÚTEA, A LUA ESTÁ MINGUANDO , O FLUXO É OPACO , OS SEIOS ESTÃO DOLORIDOS , A ANSIEDADE ESTÁ MAIOR , VOCÊ ESTÁ BRIGUENTA E A ENERGIA ESTÁ BAIXANDO .

O IDEAL É FAZER UM CICLO DE MANDALA PARA CADA MÊS E, DEPOIS, COMPARÁ-LOS. A MANDALA É UMA FORMA DE AUTOCONHECIMENTO, NÃO UM MÉTODO DE CONTROLE DE FERTILIDADE PARA NÃO ENGRAVIDAR.

Na Mandala do Ciclo da Alice, o dia 1 da menstruação (o primeiro dia do ciclo) está localizado embaixo, porque o nosso sangue sai do nosso corpo em direção ao chão. A ovulação está posicionada em cima, porque os ovários lançam o óvulo para cima em direção às trompas. Para baixar a mandala, escaneie o QR code ao lado e imprima para fazer todos os meses.

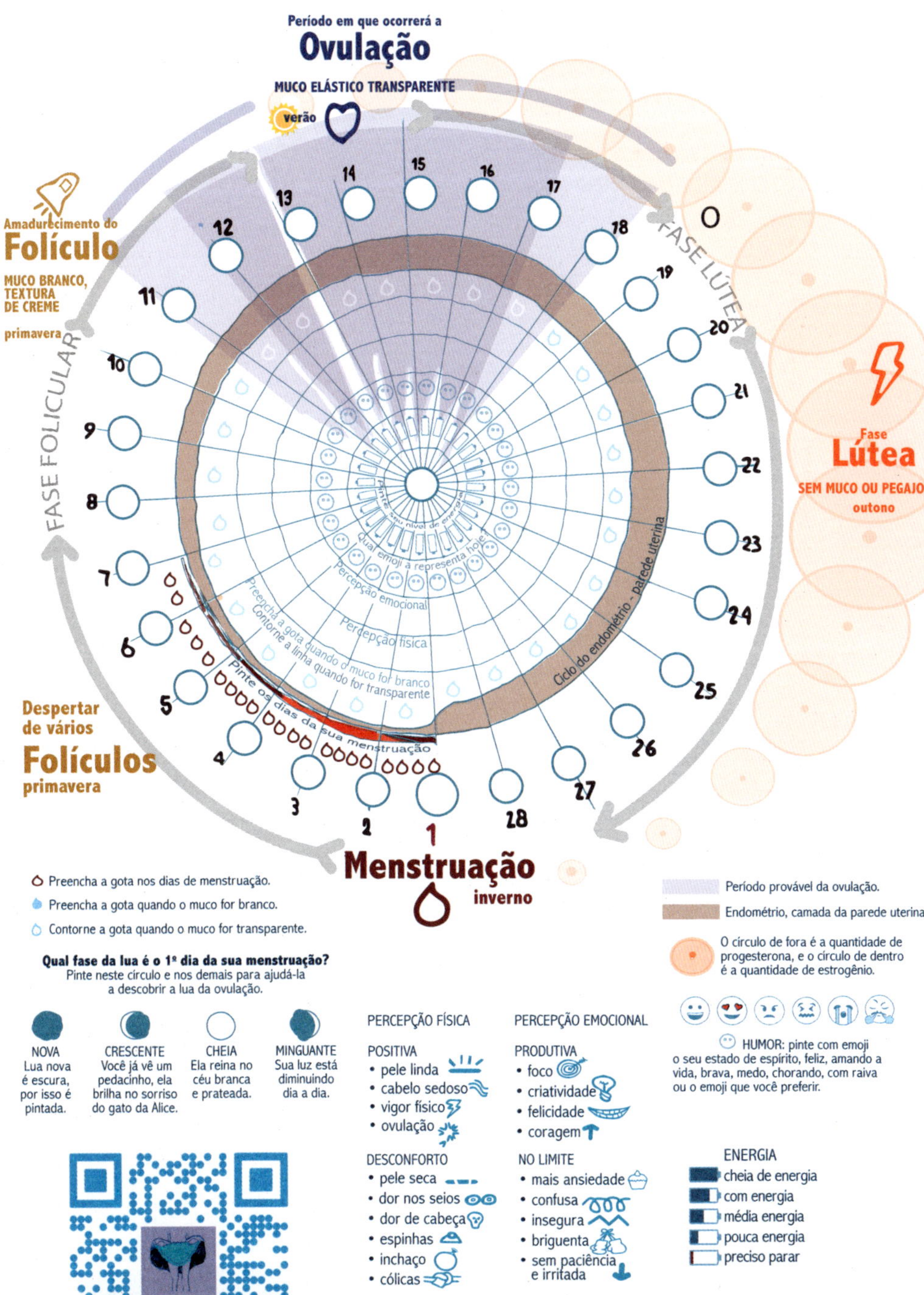
Período em que ocorrerá a
Ovulação
MUCO ELÁSTICO TRANSPARENTE
verão
Amadurecimento do
Folículo
MUCO BRANCO, TEXTURA DE CREME
primavera
FASE FOLICULAR
FASE LÚTEA
Fase
Lútea
SEM MUCO OU PEGAJOSO
outono
Despertar de vários
Folículos
primavera
Menstruação
inverno
1
2
3
4
5
6
7
8
9
10
11
12
13
14
15
16
17
18
19
20
21
22
23
24
25
26
27
28
Pinte seu nível de energia
Qual emoji a representa hoje?
Percepção emocional
Percepção física
Preencha a gota quando o muco for branco
Contorne a linha quando for transparente
Pinte os dias da sua menstruação
Ciclo do endométrio - parede uterina
Preencha a gota nos dias de menstruação.
Preencha a gota quando o muco for branco.
Contorne a gota quando o muco for transparente.
Qual fase da lua é o 1º dia da sua menstruação?
Pinte neste círculo e nos demais para ajudá-la a descobrir a lua da ovulação.
NOVA
Lua nova é escura, por isso é pintada.
CRESCENTE
Você já vê um pedacinho, ela brilha no sorriso do gato da Alice.
CHEIA
Ela reina no céu branca e prateada.
MINGUANTE
Sua luz está diminuindo dia a dia.
Período provável da ovulação.
Endométrio, camada da parede uterina.
O círculo de fora é a quantidade de progesterona, e o círculo de dentro é a quantidade de estrogênio.
HUMOR: pinte com emoji o seu estado de espírito, feliz, amando a vida, brava, medo, chorando, com raiva ou o emoji que você preferir.
PERCEPÇÃO FÍSICA
POSITIVA
• pele linda
• cabelo sedoso
• vigor físico
• ovulação
DESCONFORTO
• pele seca
• dor nos seios
• dor de cabeça
• espinhas
• inchaço
• cólicas
PERCEPÇÃO EMOCIONAL
PRODUTIVA
• foco
• criatividade
• felicidade
• coragem
NO LIMITE
• mais ansiedade
• confusa
• insegura
• briguenta
• sem paciência e irritada
ENERGIA
cheia de energia
com energia
média energia
pouca energia
preciso parar

Baixe o PDF e imprima uma mandala por mês.

É MUITA INFORMAÇÃO
PARA A MINHA CABEÇA!

PAUSA PARA UM CHÁ...

segredosdealice

♡ ♤ ◇ ♣

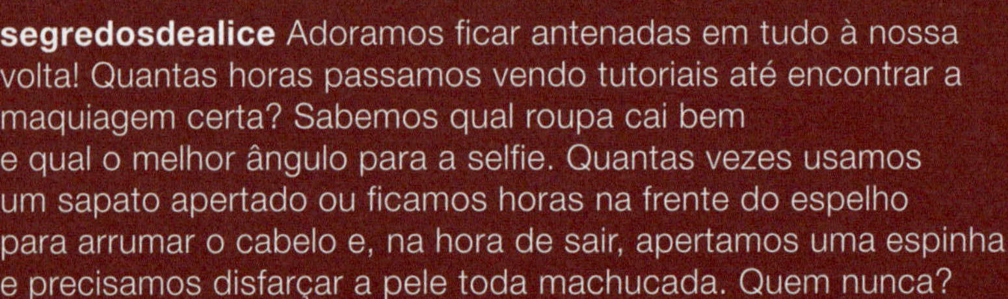

segredosdealice Adoramos ficar antenadas em tudo à nossa volta! Quantas horas passamos vendo tutoriais até encontrar a maquiagem certa? Sabemos qual roupa cai bem e qual o melhor ângulo para a selfie. Quantas vezes usamos um sapato apertado ou ficamos horas na frente do espelho para arrumar o cabelo e, na hora de sair, apertamos uma espinha e precisamos disfarçar a pele toda machucada. Quem nunca?

NÓS SOMOS MUITO MAIS FAMILIARIZADAS COM A PARTE EXTERNA DO NOSSO CORPO DO QUE COM A PARTE INTERNA. POR DENTRO, NÓS FUNCIONAMOS NO AUTOMÁTICO: SE NÃO DÓI NADA, NÃO PRESTAMOS ATENÇÃO EM NÓS MESMAS.

COMO É QUE SE OLHA PARA DENTRO?

QUANDO ENTENDEMOS COMO O NOSSO CORPO FUNCIONA E APRENDEMOS A RECONHECER AS NOSSAS SENSAÇÕES FÍSICAS, EMOCIONAIS E SENTIMENTAIS. NÃO É FÁCIL OLHAR PARA DENTRO DE NÓS MESMAS; ISSO EXIGE UM SUPERESFORÇO! ACREDITE, NOVIDADES SÃO SEMPRE DESAFIADORAS! QUANDO A GENTE APRENDE A OBSERVAR AS MUDANÇAS DE HUMOR E DISPOSIÇÃO, NOSSOS FLUIDOS, JUNTO DO CICLO HORMONAL, FICA MAIS FÁCIL ENTENDER QUE

NÓS REFLETIMOS, NO LADO DE FORA,

O QUE ACONTECE NO LADO DE DENTRO.

E NÃO HAVERÁ MAIS SURPRESAS COM ESPINHAS, COM CABELO... PORQUE VOCÊ VAI ENTENDER QUANDO E POR QUE O CABELO FICA MAIS BONITO, A PELE FICA MELHOR, QUANDO O MAU HUMOR PODE ESTAR MAIS PRESENTE.

NÓS SOMOS CÍCLICAS, OSCILAMOS TODOS OS DIAS.

QUANDO IDENTIFICAMOS A FASE DO CICLO HORMONAL EM QUE ESTAMOS E CONHECEMOS AS CARACTERÍSTICAS DE CADA UMA, TEMOS UM CONTROLE MAIOR DAS SITUAÇÕES. FICA MAIS FÁCIL AGIRMOS DE ACORDO COM OS NOSSOS INTERESSES, E NÃO POR IMPULSO.

ESSE É UM GRANDE SEGREDO!

UMA FESTA QUE NÃO ACABA,

UMA MESA SEMPRE POSTA, E,

QUANDO A XÍCARA DE CHÁ ESVAZIA,

TODOS TROCAM DE LUGAR.

ALICE CONHECE O

CHAPELEIRO MALUCO.

É MOMENTO DE CELEBRAÇÃO!

O CHAPELEIRO MALUCO serve o chá em inúmeras xícaras, inúmeras vezes, e não bebe, não saboreia, apenas enche e esvazia, em um movimento contínuo. O seu chapéu expressa abertamente suas emoções e mudanças de humor; o Chapeleiro reflete seu comportamento na sua forma de vestir. Para ele, são sempre seis horas da tarde. O que muda é o dia do mês, que ele comemora com uma festa de desaniversário.

O que seria uma FESTA DE DESANIVERSÁRIO?

 **o_chapeleiro_maluco**

segredosdealice Havia uma mesa arrumada embaixo de uma árvore, e o Coelho Branco e o Chapeleiro estavam tomando chá.

alice_supermaravilhosa Por que, com uma mesa tão grande, vocês se amontoam em um só canto?

coelho_branco_alice Não tem lugar! Não tem lugar!

alice_supermaravilhosa Tem muito lugar!

"'E não é muito educado de sua parte sentar-se sem ser convidada', disse o Coelho Branco. 'Eu não sabia que era sua mesa', insistiu Alice, 'ela está arrumada para muito mais que três convidados'. 'Seu cabelo está precisando ser cortado', disse o Chapeleiro. Ele estivera olhando para Alice por algum tempo com grande curiosidade e esta fora sua primeira intervenção. 'Você deveria aprender a não fazer esse tipo de comentário pessoal', Alice retrucou com severidade. 'Isso é muito grosseiro.'"

MUDANÇAS SÃO MUITO DIFÍCEIS.

MUDANÇA DE CIDADE, DE CASA, DE ESCOLA, DE TRABALHO. A GENTE SEMPRE SENTE UM FRIO NA BARRIGA QUANDO CHEGA EM UM LUGAR ONDE AS PESSOAS SE CONHECEM, SÃO AMIGAS, SE DIVERTEM, E PARA A GENTE SÃO TODAS DESCONHECIDAS. **ESSA SENSAÇÃO ACONTECE COM TODAS AS PESSOAS, NÃO IMPORTA A IDADE, NEM O LUGAR.**

CHEGAMOS DE MANSINHO, GERAMOS CURIOSIDADE, TENTAMOS INTERAGIR E PODE SER QUE ENCONTREMOS ALGUÉM QUE NOS ACOLHA. PODE SER TAMBÉM QUE AS PESSOAS OLHEM DESCONFIADAS E QUE OBSERVEM COMO SE NOS MEDISSEM DOS PÉS À CABEÇA.

COM ALICE NÃO FOI DIFERENTE! ELA CHEGOU, SENTOU E FOI DESAFIADA PELO CHAPELEIRO, QUE LOGO COMEÇOU A FAZER CHARADAS. QUANDO PASSOU A PRIMEIRA IMPRESSÃO, ELES TENTARAM SE ENTENDER, EM UMA CONVERSA INTERESSANTE E MEIO DOIDA.

 **o_chapeleiro_maluco**

alice_supermaravilhosa Eu acho que você deveria fazer coisa melhor com seu tempo, em vez de gastá-lo com charadas que não têm resposta.

o_chapeleiro_maluco Se você conhecesse o Tempo tão bem quanto eu conheço, não falaria em gastá-lo como se fosse uma coisa. Ele é uma pessoa.

alice_supermaravilhosa Eu não sei o você está dizendo.

o_chapeleiro_maluco Claro que não! É muito provável que você nunca tenha falado com o Tempo!

“O Chapeleiro foi o primeiro a quebrar o silêncio. ‘Que dia do mês é hoje?’, perguntou, virando-se para Alice: ele tinha tirado seu relógio do bolso e olhava para ele ansiosamente, chacoalhando-o de vez em quando e levantando-o no ar.
Alice estivera olhando com curiosidade. ‘Que relógio engraçado!’, ela observou. ‘Ele diz o dia do mês e não diz a hora!’”

QUE DIA É HOJE? É DIA DE FESTA!

NESTA HISTÓRIA, O DIA DE CELEBRAR É A DATA DA MENSTRUAÇÃO!

VOCÊ PODE ESTAR SE PERGUNTANDO: QUE MALUQUICE É ESSA HISTÓRIA?

ENTRE OS SEGREDOS DE ALICE ESTÃO COMPARAÇÕES BEM DIFERENTES: O OVO, HUMPTY DUMPTY, SÃO OS ÓVULOS DENTRO DOS OVÁRIOS, O GATO É A INFLUÊNCIA DA LUA NOS CICLOS FEMININOS E **O CHAPELEIRO É O ÚTERO**! OI, COMO ASSIM?

QUAL É O FORMATO DE UM CHAPÉU? MUITO SEMELHANTE AO DO ÚTERO. O CHAPELEIRO PASSA TODO O TEMPO ENCHENDO AS XÍCARAS DE CHÁ E NÃO TOMA – ASSIM COMO O ÚTERO, QUE SE ENCHE E SE ESVAZIA TODOS OS MESES. A XÍCARA TAMBÉM TEM O FORMATO DE UM ÚTERO, VIRADO AO CONTRÁRIO.

OS PERSONAGENS RODAM EM TORNO DA MESA TROCANDO DE LUGAR, COMO EM UM CICLO! O CHAPELEIRO TEM UM RELÓGIO QUE SÓ MARCA O DIA DO MÊS. HOJE É DIA DE COMEMORAR, É DIA DO SEU DESANIVERSÁRIO, **DIA DO MÊS EM QUE VOCÊ MENSTRUA**. LEMBRA QUE SEU CORPO FUNCIONA EM CICLOS? MENSTRUAR É UMA FORMA DE O CORPO FALAR PRA VOCÊ QUE ESTÁ FUNCIONANDO DIREITINHO!

ÚTERO E TROMPAS

ÚTERO, ESSE MÚSCULO MERECE TODO O NOSSO RESPEITO!

O ÚTERO É TAMBÉM CHAMADO DE MATRIZ, UM ÓRGÃO DE MUITA FORÇA E VITALIDADE, O LUGAR DO QUAL TODOS NÓS VIEMOS. O ÚTERO É TÃO IMPORTANTE QUE PODE SER COMPARADO A UM SEGUNDO CORAÇÃO. LOCALIZADO ENTRE O UMBIGO E O OSSO PÚBICO, É UMA MUSCULATURA OCA, DE FORMATO PARECIDO COM O DE UMA PERA. O TAMANHO VARIA DE PESSOA PARA PESSOA. NÓS PODEMOS CONSIDERAR O NOSSO PUNHO FECHADO PRA TER UMA IDEIA DO TAMANHO DO ÚTERO. ELE TEM A CAPACIDADE DE AUMENTAR MUITO SEM PERDER A RESISTÊNCIA. PODE CARREGAR E SUPORTAR O PESO DO BEBÊ, DA PLACENTA E DO LÍQUIDO AMNIÓTICO (que envolve o feto), COM O SEU COLO (que vimos umas páginas atrás) FECHADO PARA A CRIANÇA NÃO SAIR.

AS TROMPAS TÊM CERCA DE 10 CM DE COMPRIMENTO. EM UMA DAS SUAS PONTAS ESTÃO CONECTADAS COM A PARTE TRASEIRA E SUPERIOR DO ÚTERO (chamado de fundus). NA OUTRA, ELAS ENVOLVEM PARCIALMENTE OS OVÁRIOS, MAS SEM ENCOSTAR NELES.

VOCÊ SABIA QUE O ÚTERO É A MUSCULATURA MAIS FORTE E RESISTENTE DA FISIOLOGIA HUMANA? TANTO DA MASCULINA COMO DA FEMININA? VIVA!!!!

ENDOMÉTRIO

É A CAMADA INTERNA DO ÚTERO. ELE PODERÁ SERVIR DE CASA E COMIDA PARA O ÓVULO QUANDO ELE FOR FECUNDADO.
O ENDOMÉTRIO COMEÇA SEU CICLO COM UMA CAMADA DE 3 CM DE ESPESSURA. À MEDIDA QUE OS HORMÔNIOS VÃO ATUANDO NA PRÉ-OVULAÇÃO E NA OVULAÇÃO, AS GLÂNDULAS DENTRO DO ENDOMÉTRIO SECRETAM FLUIDOS PARA ENGROSSÁ-LO ATÉ ELE FICAR COM 10 CM, O SUFICIENTE PARA ACOLHER E ALIMENTAR O ÓVULO ATÉ A PLACENTA SER FORMADA (isso se o óvulo tiver encontrado um espermatozoide). O QUE, DE FATO, OCORRE TODOS OS MESES É QUE, QUANDO O CORPO LÚTEO (o exemplo do casulo da borboleta, na página 137) PERCEBE QUE O ÓVULO NÃO FOI FECUNDADO, ELE DEIXA DE ALIMENTAR O ENDOMÉTRIO COM O HORMÔNIO PROGESTERONA. O ENDOMÉTRIO COMEÇA A PERDER VITALIDADE ATÉ SE DESPRENDER E SER ELIMINADO PELO ÚTERO (É A MENSTRUAÇÃO). E, ENTÃO, COMEÇA UM NOVO CICLO.
A CARACTERÍSTICA ESSENCIAL DA FISIOLOGIA FEMININA É A CAPACIDADE DO ENDOMÉTRIO DE ENGROSSAR E AFINAR. ESSE MOVIMENTO DE SE ENCHER E SE ESVAZIAR EXIGE MUITA ENERGIA E UM TRABALHO INTENSO DO NOSSO METABOLISMO. POR ISSO, A PUBERDADE SÓ SERÁ INICIADA QUANDO O CORPO TIVER ARMAZENADO ENERGIA SUFICIENTE PARA DAR CONTA DESSE PROCESSO MENSALMENTE.

MIOMÉTRIO

NOME DO MÚSCULO QUE ENVOLVE O ÚTERO. ELE TRABALHA NA CONTRAÇÃO E NO CONTROLE DA ABERTURA DO COLO DO ÚTERO NA SAÍDA DA MENSTRUAÇÃO E NO PARTO NORMAL.

O CORPO FEMININO ESTÁ PROGRAMADO PARA CICLAR EM TORNO DE 400 VEZES ENTRE A MENARCA E A MENOPAUSA.

MUITAS PESSOAS SENTEM DESCONFORTO DURANTE O PERÍODO MENSTRUAL, INCHAÇOS, PRISÃO DE VENTRE, DORES DE CABEÇA E AS FAMOSAS CÓLICAS.

TER CÓLICA NÃO É UMA REGRA, NEM TODO MUNDO TEM, MAS PODE INCOMODAR MUITO. ELA GERALMENTE AFETA QUEM PRODUZ, EM EXCESSO, UM HORMÔNIO (prostaglandina) QUE É RESPONSÁVEL PELA CONTRAÇÃO DOS MÚSCULOS DO CORPO HUMANO. ESSES SINTOMAS SÃO UMA FORMA DE O NOSSO CORPO DIZER "DIMINUA SEU RITMO DURANTE A MENSTRUAÇÃO, POUPE SUAS ENERGIAS, EU ESTOU TRABALHANDO BASTANTE AQUI DENTRO". MUITAS VEZES, MUDAR ALGUNS HÁBITOS NESSES DIAS (MAIS HORAS DE SONO, ALIMENTAÇÃO EQUILIBRADA) AJUDA A AMENIZAR OS SINTOMAS E AS CÓLICAS.

DICAS: diminuir o consumo de sal, açúcar, doces, comida pronta em caixinha e salgadinho; beber bastante água ajuda a evitar o inchaço; manter os pés aquecidos auxilia o corpo a relaxar para se abrir (quando sentimos frio, ficamos mais contraídas); bolsa de água quente e calcinhas mais altas ajudam a relaxar o útero. Procure consumir alimentos ricos em ferro, porque perdemos esse mineral durante a menstruação (folhas escuras, cereais integrais, frutas secas e frutas que tenham vitamina C, como laranja e limão). Também inclua alimentos ricos em potássio, que auxiliam os músculos a relaxar (legumes, gérmen de trigo, abacate, entre outros exemplos). Dançar, em casa, pode ajudar a relaxar o útero e aliviar as tensões. Experimente, pode ser um remédio bem divertido.

PODEMOS COMPARAR O ENDOMÉTRIO COM UMA FLOR.

NO INÍCIO DO CICLO, O ENDOMÉTRIO ESTARIA COMO UM BOTÃO DE FLOR, BEM FECHADO. À MEDIDA QUE A OVULAÇÃO SE APROXIMAR, AS PÉTALAS, QUE ESTAVAM PEQUENAS, VÃO SE DESENVOLVER E SE ABRIR. ENQUANTO O ÓVULO ESTIVER ATIVO, A FLOR ESTARÁ BEM ABERTA PARA ACOLHÊ-LO E ALIMENTÁ-LO EM UM NINHO DE PÉTALAS, MACIO E CONFORTÁVEL.

QUANDO O ÓVULO PERDER A CAPACIDADE REPRODUTIVA (PORQUE NÃO FOI FECUNDADO), A PROGESTERONA, PRODUZIDA PELO CORPO LÚTEO DENTRO DOS OVÁRIOS, DEIXARÁ DE ALIMENTAR A FLOR. SEM ALIMENTO E ENERGIA VITAL, AS PÉTALAS COMEÇARÃO A MURCHAR ATÉ SE SOLTAREM.

A MENSTRUAÇÃO SAIRÁ COMO UMA CHUVA DE PÉTALAS, QUE DEIXARÁ O ÚTERO PARA ABRIR ESPAÇO E OUTRA FLOR BROTAR.

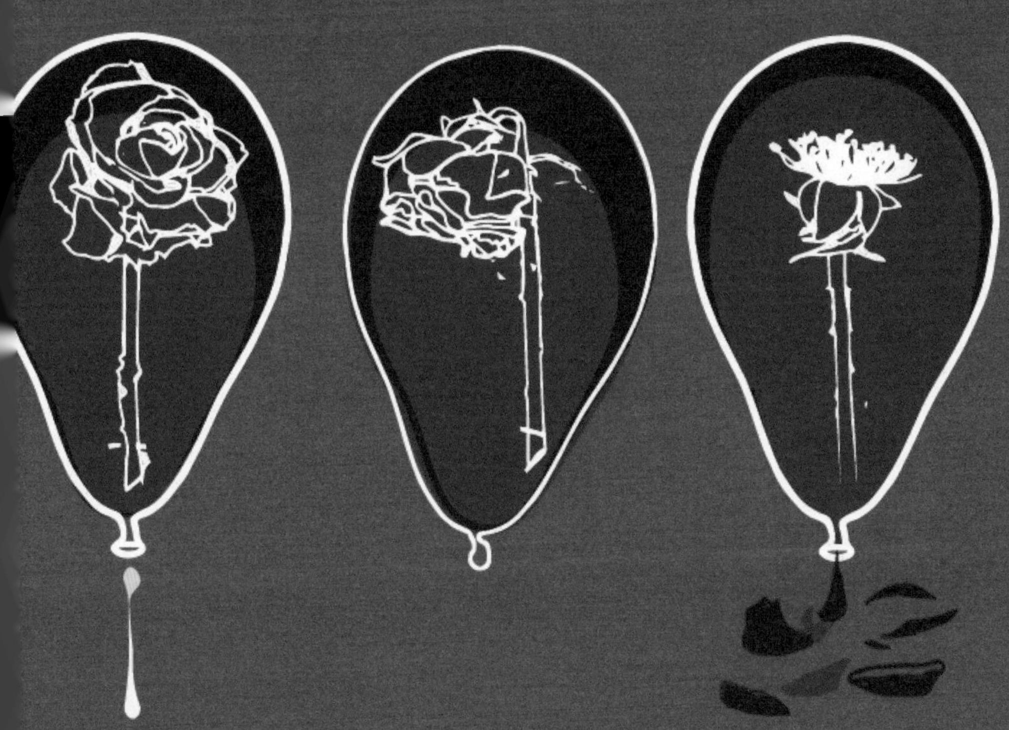

 **segredosdealice**

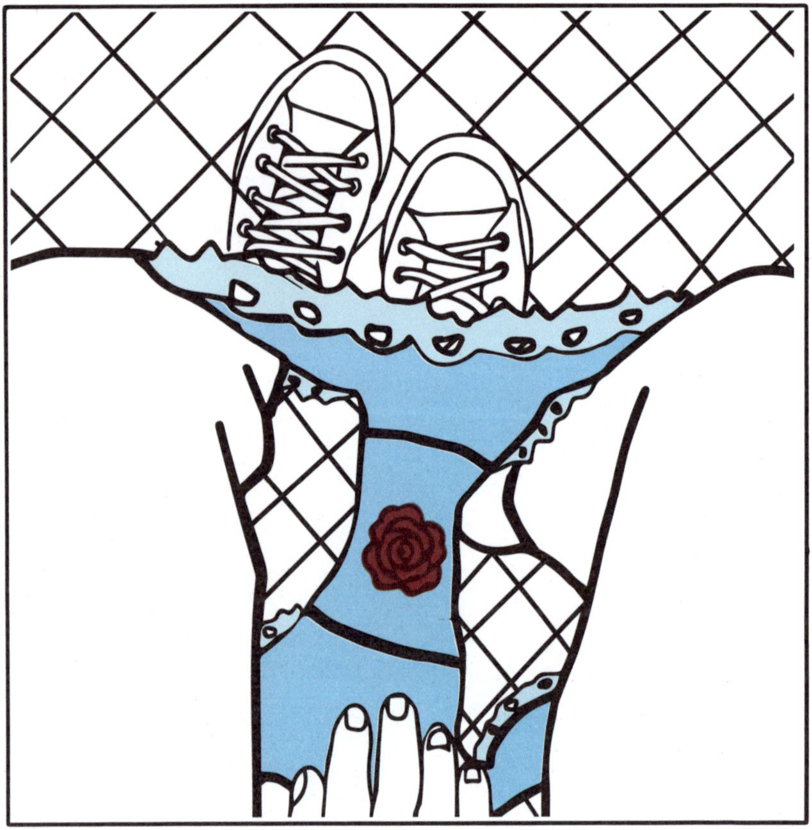

segredosdealice Ih, menstruei! E agora? Eu nem imaginava que já estava na época!

VOCÊ SABE QUANDO VAI MENSTRUAR OU É SEMPRE UMA SURPRESA?

O QUE VOCÊ SENTE? RAIVA, ALÍVIO, NERVOSO, CANSAÇO?

MENSTRUAR É UMA NECESSIDADE FISIOLÓGICA. QUANDO VOCÊ TEM VONTADE DE FAZER XIXI OU COCÔ, O SEU CORPO MANDA UM SINAL DE DESCONFORTO. QUANDO VAMOS MENSTRUAR, SENTIMOS UMA PRESSÃO EMBAIXO DO UMBIGO, UMA SENSAÇÃO DE TENSÃO E UMA VONTADE DE FAZER COCÔ. É A PRESSÃO DO MIOMÉTRIO ABRINDO O COLO PARA DEIXAR O SANGUE FLUIR E MOLHAR A VAGINA. NA MAIORIA DAS VEZES, AO FAZER COCÔ, VOCÊ RELAXA E O SANGUE DESCE.

MENSTRUAÇÃO NÃO É DOENÇA, PELO CONTRÁRIO, É SINAL DE SAÚDE DO ENDOMÉTRIO, DOS OVÁRIOS E DO COLO DO ÚTERO.

SANGUE MENSTRUAL NÃO É SUJO, NÃO É NOJENTO, ELE TRAZ UMA SENSAÇÃO DE ALÍVIO E RENOVAÇÃO. MENSTRUAR É UMA MANIFESTAÇÃO DA NOSSA FERTILIDADE.

O PRIMEIRO DIA DA MENSTRUAÇÃO É O DIA 1 DO CICLO REPRODUTIVO.

É UMA FORMA DE O CORPO DA GENTE DIZER "OI, TUDO BEM? ESTOU AQUI, FUNCIONANDO DIREITINHO". QUANTAS VEZES IGNORAMOS, DISFARÇAMOS E ESCONDEMOS, ATÉ DE NÓS MESMAS, QUE ESTAMOS MENSTRUADAS? A GENTE EVITA ENTRAR EM CONTATO COM ESSE SANGUE, NÃO OLHANDO PARA ELE NEM OBSERVANDO COMO ELE SE APRESENTA. CARACTERÍSTICAS COMO COR, TEXTURA E CHEIRO PODEM DIZER MUITA COISA PRA GENTE. Imagine que a menstruação é uma festa, é o seu **"desaniversário"**. Seu corpo oferece uma chuva de pétalas de flores para fazer com que você preste atenção em si mesma. Trate-a com muito carinho.

VOCÊ CONHECE SEU SANGUE?

A MENSTRUAÇÃO É FORMADA DE CÉLULAS DO ENDOMÉTRIO, FLUIDO MENSTRUAL, FLUIDO CERVICAL (do colo do útero) E SECREÇÃO VAGINAL. MENSTRUAÇÃO É UM FLUIDO RICO EM CÉLULAS-TRONCO (que podem ser encontradas também na medula e no cordão umbilical).

SUA MENSTRUAÇÃO PODE REVELAR MUITAS COISAS SOBRE A SUA SAÚDE. PARA A MAIORIA DAS PESSOAS, O FLUXO E A TEXTURA MENSTRUAL SÃO MAIS FORTES NOS PRIMEIROS DIAS, E O VOLUME VAI DIMINUINDO ATÉ CHEGAR À FASE MAIS SECA. O FLUXO MENSTRUAL PODE SER MAIS LÍQUIDO, GELATINOSO OU GROSSO; PODE TER OU NÃO COÁGULOS NA SUA TEXTURA. VOCÊ JÁ REPAROU NA COR, NA TEXTURA E NO VOLUME DO SEU FLUXO MENSTRUAL?

NORMAL
Sangue menstrual com muco cervical, que pode aparecer no início ou no final da menstruação.
ATENÇÃO
Fluxo menstrual com muco cervical, alaranjado, pode ser sinal de infecção. Procure auxílio profissional.
NORMAL
Fluxo menstrual fresco nos primeiros dias.
NORMAL
Fluxo menstrual velho (demorou mais para sair do útero), que pode aparecer no início ou no final do ciclo.

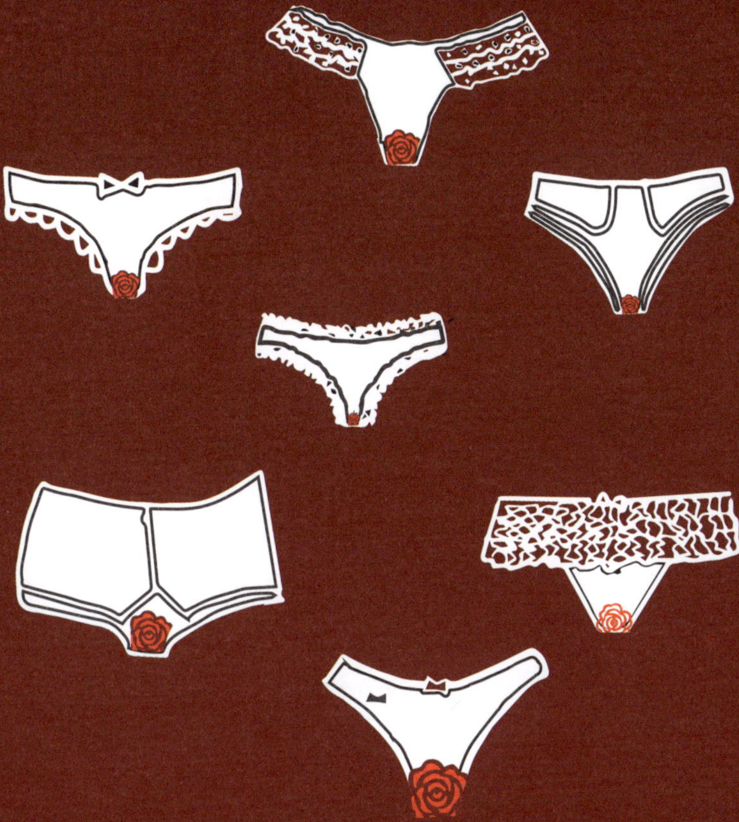

O FLUXO MENSTRUAL LIBERA A ENERGIA DO TRABALHO QUE O CORPO TEVE NO MÊS E QUE ESTAVA APRISIONADA. ELE É LIVRE DE TOXINAS E ODORES, É CHEIO DE CÉLULAS-TRONCO. MENSTRUAÇÃO NÃO É LIXO!

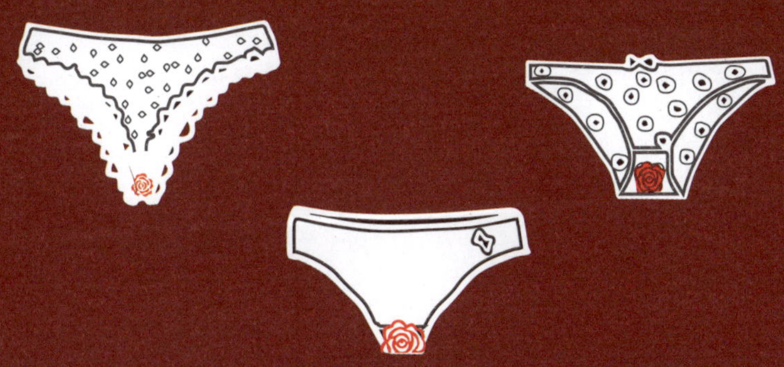

COMO VOCÊ RECOLHE O SEU FLUIDO MENSTRUAL?

A GENTE PODE ACHAR QUE A QUANTIDADE DE FLUIDO DO ÚTERO É ENORME, MAS É DE **APENAS 2 A 5 COLHERES DE SOPA** (de 25 mL a 80 mL, em média). INCRÍVEL!

A FORMA DE RECOLHER O SANGUE VARIA DE CULTURA PARA CULTURA. PROTETORES MENSTRUAIS SÃO SOLUÇÕES DESENVOLVIDAS PARA CAPTAR O FLUXO MENSTRUAL E EVITAR QUE PASSE PARA A ROUPA.

A ESCOLHA DO MÉTODO DEVE DEPENDER DA NOSSA CONVENIÊNCIA, DE QUANTO ESTAMOS DISPOSTAS A PAGAR, SE ESTÁ DISPONÍVEL PARA NÓS, DO NOSSO CONFORTO E DA CONSCIÊNCIA ECOLÓGICA.

MUITA GENTE COMBINA DIFERENTES TIPOS. CADA MÉTODO DEVE SER AVALIADO DE ACORDO COM O VOLUME DO FLUXO MENSTRUAL, O DIA DO CICLO E AS ATIVIDADES DO DIA.

COLETORES INTERNOS

são introduzidos no canal vaginal

ABSORVENTE INTERNO OU TAMPÃO

COLETOR DE SILICONE

COLETOR DE PLÁSTICO DESCARTÁVEL

ESPONJA MARINHA apropriada

QUAL MÉTODO VOCÊ USA? VOCÊ USA MAIS DE UM? VOCÊ JÁ PAROU PARA PENSAR NO PORQUÊ DESSA ESCOLHA? ENSINARAM ASSIM? FOI UMA SUGESTÃO DE UMA AMIGA, DE SUA MÃE, DE UMA PROFESSORA, OU VOCÊ VIU EM UMA PROPAGANDA?

AQUI VOCÊ VAI ENCONTRAR UMA EXPLICAÇÃO COM AS VANTAGENS E DESVANTAGENS DE CADA MÉTODO, PARA AJUDAR NA SUA ESCOLHA. PODE SER INTERESSANTE CONHECER E, NA MEDIDA DO POSSÍVEL, EXPERIMENTAR OUTRAS OPÇÕES. ESSA DECISÃO É PESSOAL E DE ACORDO COM O CUSTO, A NECESSIDADE E A INTIMIDADE. ATENÇÃO: O IMPORTANTE É SUA SEGURANÇA, A ADAPTAÇÃO E O CONFORTO HOJE. AMANHÃ VOCÊ PODERÁ TER OUTRA NECESSIDADE E MUDAR DE OPINIÃO.

LEMBRE-SE: O CORPO É SEU, E A DECISÃO DEVE SER SUA TAMBÉM!

COLETORES EXTERNOS

ficam fora do corpo, na calcinha, encostados na vulva

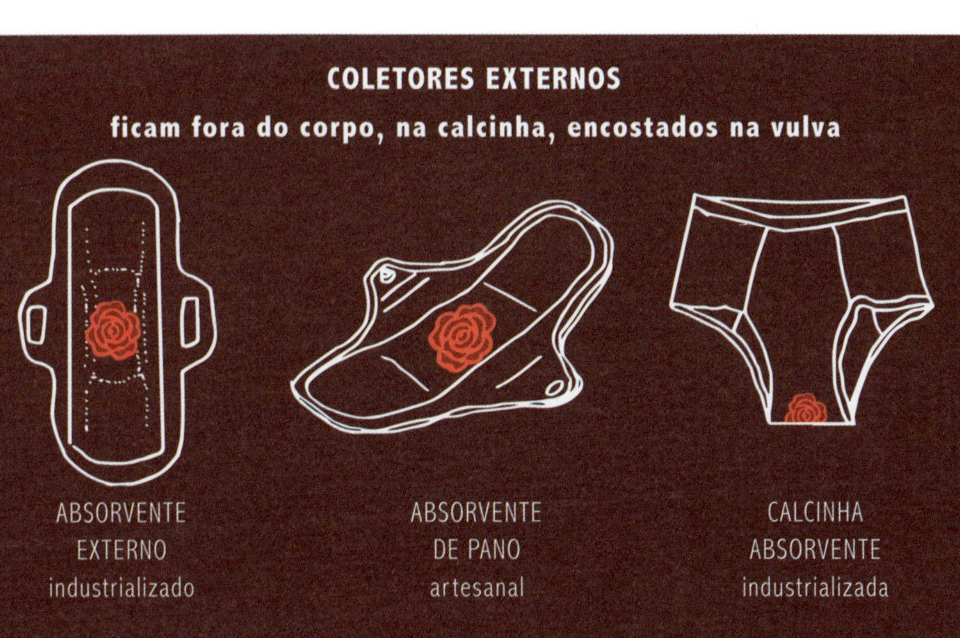

OS PROTETORES MENSTRUAIS FAZEM PARTE DA ROTINA FEMININA. ÀS VEZES, A MENSTRUAÇÃO É MAIS FORTE E SUJA A CALCINHA. SE VOCÊ LAVAR ENQUANTO ESTIVER MOLHADA, SERÁ MAIS FÁCIL. SE SECAR, DEIXE DE MOLHO E VÁ TROCANDO A ÁGUA; QUANDO A MANCHA FICAR MAIS CLARA, LAVE COM SABONETE. OS ABSORVENTES INTERNOS E EXTERNOS DESCARTÁVEIS TÊM TECNOLOGIAS E FORMATOS QUE PROPORCIONAM SENSAÇÃO DE ABSORÇÃO, OFERECEM SEGURANÇA CONTRA VAZAMENTOS E EVITAM O CONTATO COM O SANGUE. ELES ESTÃO DISPONÍVEIS EM VÁRIOS TAMANHOS E FORMATOS, COM OU SEM ABAS, ULTRAFINOS, COM DIFERENTES COBERTURAS, ETC.

ESTIMA-SE QUE UMA PESSOA QUE UTILIZE APENAS ABSORVENTES DESCARTÁVEIS USARÁ ENTRE 10 E 15 MIL UNIDADES DESDE A MENARCA ATÉ A MENOPAUSA, O QUE PODERÁ GERAR ATÉ 130 KG DE LIXO.

PROTETORES MENSTRUAIS EXTERNOS

(ficam encostados na vulva)

ABSORVENTE DE USO EXTERNO – DESCARTÁVEL

Composição – Durante o processo de fabricação e dentro do absorvente pode haver celulose, polietileno, propileno, adesivos termoplásticos, papel siliconado, polímero superabsorvente, cloro e agente controlador de odor. Alguns produtos têm cobertura plástica, e outros podem apresentar cobertura de algodão. **Forma de usar** – Colocá-lo na superfície da calcinha, em contato com a vulva. Muitos têm fita adesiva para fixar na calcinha. **Tempo de uso** – Dependendo do fluxo, deve ser trocado sempre que estiver cheio. Não deverá ser usado por mais de seis horas, mesmo se o fluxo for mais fraco, para não favorecer a proliferação de fungos e bactérias. **Cuidados** – Para quem tem a pele mais sensível é recomendado NÃO usar absorvente com a última camada plástica (seca). A indicação é a cobertura de algodão. **Vantagens** – Está à venda em todo lugar e é prático. **Desvantagens** – Não é biodegradável (ou seja, não se desfaz naturalmente). Alguns produtos químicos podem demorar cem anos para se decompor nos aterros sanitários. Imagine se forem para os rios. **Descarte** – Deve ser jogado no lixo do banheiro, **nunca no vaso sanitário**. O destino de um absorvente deverá ser um aterro sanitário. Se ele for jogado na privada, poderá entupi-la ou chegar a rios e oceanos, contaminando-os com seus produtos químicos. **Higiene íntima** – Você deve se lavar com água corrente e sabonete neutro.

ABSORVENTE DE PANO – REUTILIZÁVEL

Composição – A maioria dos produtos é produzida em fábricas artesanais, feita de algodão orgânico revestido de uma camada impermeável e respirável. **Forma de usar** – Colocá-lo na superfície da calcinha em contato com a vulva, virar as abas e fechá-lo, como um envelope com botão, na calcinha. **Tempo de uso** – Dependendo do fluxo, deve ser trocado sempre que estiver cheio. Se o fluxo for mais fraco, não deverá ser usado por mais de seis horas, para não favorecer a proliferação de fungos e bactérias. **Cuidados** – Para quem tem a pele mais sensível é recomendado usar absorvente com a última camada de algodão. **Vantagens** – Reutilizável, ecológico, não produz lixo, não tem produto químico. **Desvantagens** – Se trocar fora de casa, será preciso guardar o absorvente usado em uma bolsinha impermeável. Alguns fabricantes a enviam junto do produto. **Limpeza** – O absorvente pode ser lavado na máquina (em um saquinho), no tanque, na pia, no chuveiro. **Higiene íntima** – A sua higiene é feita apenas com água e sabonete neutro.

CALCINHA ABSORVENTE – REUTILIZÁVEL

Composição – Os fabricantes não descrevem os componentes. **Forma de usar** – Como calcinha normalmente. **Tempo de uso** – A recomendação é de no mínimo uma calcinha para o dia e outra para a noite, com uso de seis a dez horas, dependendo do fabricante. **Vantagens** – Reutilizável, ecológica, não produz lixo nem cheiro porque não tem produto químico. Dura aproximadamente dois anos. **Desvantagens** – O custo da calcinha é maior, e há pouca disponibilidade do produto. Se você estiver de calça ou bermuda, precisará tirá-la para trocar a calcinha. **Limpeza** – Pode ser lavada na máquina (em um saquinho), no tanque, na pia, no chuveiro.

SANGRAMENTO LIVRE

Conhecido como *free bleeding*, nos Estados Unidos, ou *flux instinctif libre* (FIL), na França, é uma técnica de condicionamento do músculo do períneo, que pode segurar temporariamente o fluxo menstrual dentro do corpo e só eliminá-lo quando sentir necessidade. É um método superecológico e econômico, mas exige muito treinamento. Não é recomendado para fazer exercícios ou quando for para a balada.

PROTETORES MENSTRUAIS INTERNOS
(são introduzidos no canal vaginal)

ABSORVENTE INTERNO OU TAMPÃO – DESCARTÁVEL

Composição – A maioria desses produtos é produzida de forma industrial, feita de algodão, raiom, poliéster, polietileno, polipropileno e fibras, produtos que não são biodegradáveis.

Forma de usar – Deve ser introduzido no interior do canal vaginal. Algumas marcas possuem um aplicador para facilitar a introdução. Todos têm um cordão para ajudar na retirada.

Segurança – No fundo do canal vaginal está o colo do útero, que se mantém praticamente fechado, portanto não há risco de o absorvente se aprofundar para além de onde ele deve ficar. Se o tampão tiver sido introduzido de forma incorreta ou houver dificuldades de achar o fio, você poderá retirá-lo se agachando e pegando o absorvente com os dedos.

Tempo de uso e cuidados – O tampão deverá ser trocado a cada quatro horas. Se permanecer por mais de oito horas seguidas, poderá favorecer o crescimento de bactérias e o surgimento de infecções.

Vantagens – Quando colocado corretamente, não sai do lugar, é discreto e facilita ir à praia, nadar e praticar esportes em geral.

Desvantagens – O absorvente interno absorve a umidade da vagina, deixando-a mais seca e sem respirar. Por ser descartável, provoca lixo em aterro sanitário, e os produtos sintéticos de sua fabricação podem demorar cerca de cem anos para se decompor.

Descarte – Deve ser jogado no lixo do banheiro. Se for descartado na privada, poderá entupi-la e ir para os rios e oceanos, causando contaminação ambiental por causa dos resíduos sintéticos usados em sua fabricação. Os aplicadores de tampão estão na lista de lixo mais presente nos oceanos.

Opções – Existem algumas iniciativas independentes de produção de absorventes internos do tipo tampão apenas de algodão orgânico, sem cloro.

COLETOR DE SILICONE – REUTILIZÁVEL

Composição – Normalmente tem o formato de um copinho feito de silicone ou borracha de uso hospitalar. **Forma de usar** – É um copinho coletor. O fluxo menstrual sai do útero e pinga dentro desse copinho. Ele é inserido manualmente, dobrado, e se abre quando está dentro do canal vaginal. O método de fixação é por sucção. Os sites dos fabricantes têm instruções e tutoriais de como usá-lo. **Segurança** – Ele não vaza, podemos dormir com ele e não é necessário tirá-lo para fazer xixi. **Tempo de uso e cuidados** – O coletor pode ficar até doze horas no interior da vagina, devendo ser posteriormente retirado. Depois que o sangue for descartado, o copinho deverá ser lavado e reutilizado. Ele deve ser fervido em água (seguindo as instruções do fabricante) por dez minutos no início e no final de cada ciclo. **Vantagens** – O copinho está disponível em vários tamanhos. Quando colocado corretamente, não sai do lugar, é discreto e facilita ir à praia, nadar e praticar esportes em geral. É um método que permite ver o sangue, observar o volume, a textura e o odor. **Desvantagens** – Pode haver dificuldade de adaptação no início. **Descarte do sangue** – O sangue pode ser despejado na pia ou no vaso sanitário. Como o fluido coletado pelo copinho é cheio de hormônios, algumas pessoas o diluem em 1 litro de água e usam esse líquido para regar as plantas.

COLETOR DE PLÁSTICO – DESCARTÁVEL

Versão descartável do copinho, tem um anel maleável de plástico. É parecido com um saquinho plástico. Provoca lixo.

DIAFRAGMA – REUTILIZÁVEL

O diafragma é um método para não engravidar, mas pode ser usado como coletor.

ESPONJA MARINHA – REUTILIZÁVEL

Existem algumas iniciativas de uso de esponja marinha para absorver o fluxo. Ela deve ser fervida por cinco a dez minutos antes de inserida na vagina e a cada reutilização. É um item mais difícil de encontrar.

VIRGINDADE × PROTETORES MENSTRUAIS INTERNOS

Virgindade está associada à pessoa que nunca teve relação sexual, independentemente de ter ou não hímen. O uso de absorventes internos pode ser um dos fatores que podem desintegrar o hímen.

COMO IDENTIFICAR O PROTETOR DE FLUXO MENSTRUAL DE ACORDO COM SUA CONVENIÊNCIA

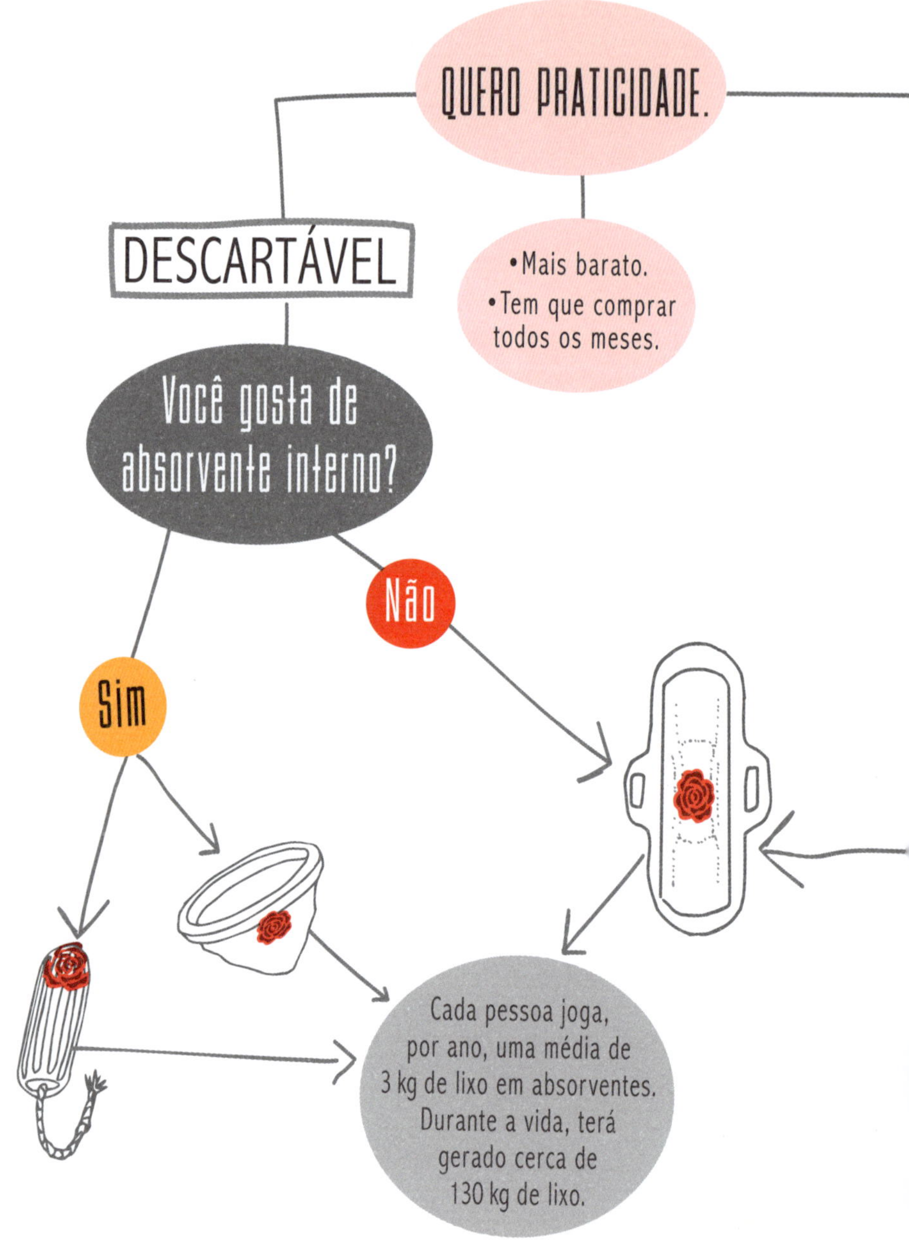
QUERO PRATICIDADE.
DESCARTÁVEL
•Mais barato.
•Tem que comprar todos os meses.
Você gosta de absorvente interno?
Não
Sim
Cada pessoa joga, por ano, uma média de 3 kg de lixo em absorventes. Durante a vida, terá gerado cerca de 130 kg de lixo.

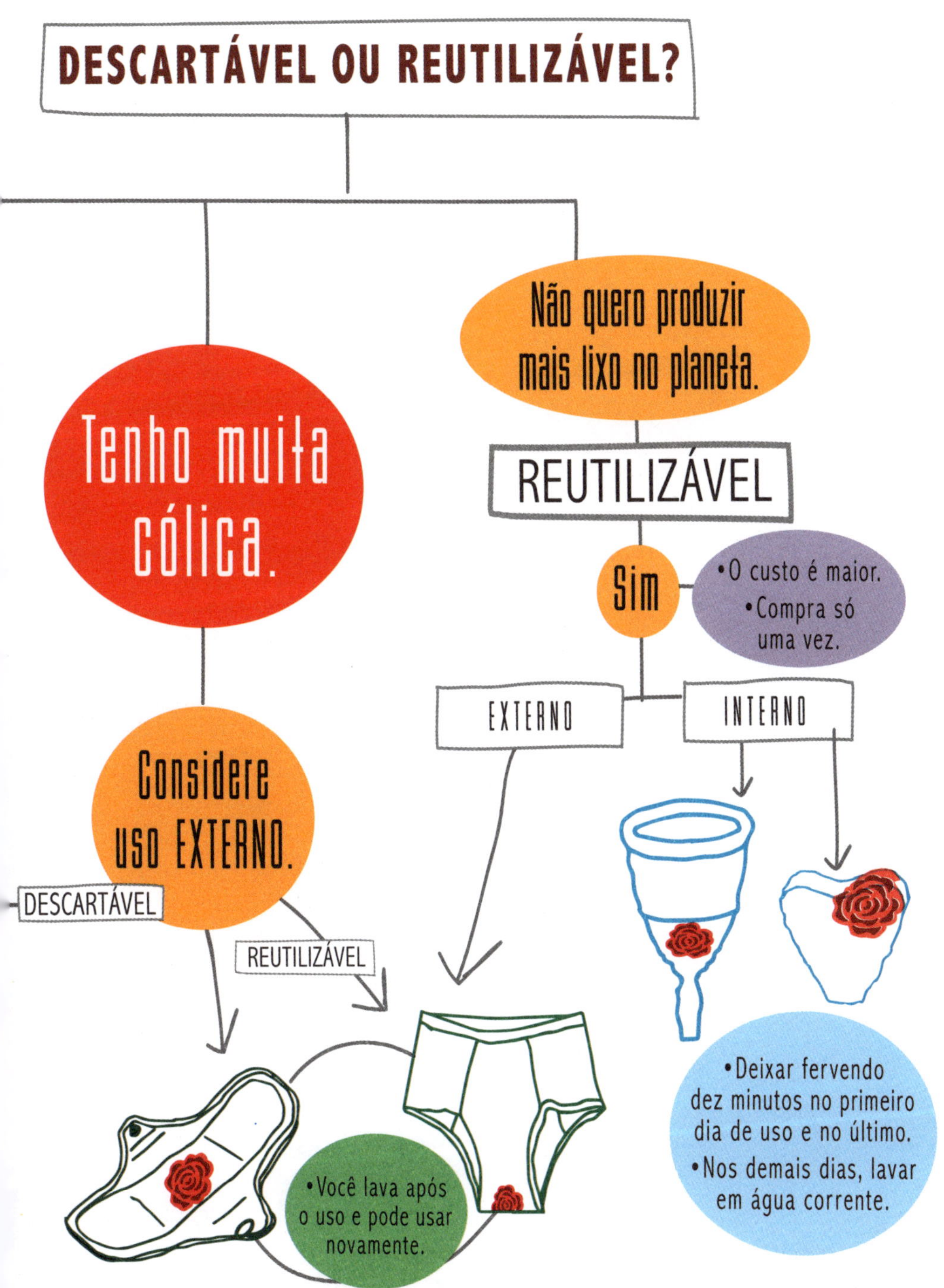
DESCARTÁVEL OU REUTILIZÁVEL?
Tenho muita cólica.
Considere uso EXTERNO.
DESCARTÁVEL
REUTILIZÁVEL
•Você lava após o uso e pode usar novamente.
Não quero produzir mais lixo no planeta.
REUTILIZÁVEL
Sim
•O custo é maior.
•Compra só uma vez.
EXTERNO
INTERNO
•Deixar fervendo dez minutos no primeiro dia de uso e no último.
•Nos demais dias, lavar em água corrente.

COMO ESCOLHER O APLICATIVO DE MENSTRUAÇÃO?

OS APLICATIVOS DE CONTROLE DE FLUXO MENSTRUAL ESTÃO ENTRE OS APPS MAIS USADOS NO MUNDO. ELES TÊM UMA INTERFACE SUPERAMIGÁVEL E FÁCIL.

A PRATICIDADE DOS APPS NOS FAZ FICAR ATENTAS À DATA DA OVULAÇÃO. É IMPORTANTE LEMBRAR QUE, PARA ACESSAR O APLICATIVO, A GENTE TEM QUE INFORMAR OS DADOS PESSOAIS E DADOS ÍNTIMOS, ATUALIZANDO O APP DIARIAMENTE. DADOS VALEM MUITO DINHEIRO NA INTERNET, E MUITAS VEZES NOSSAS INFORMAÇÕES PODEM ESTAR SENDO COMERCIALIZADAS.

Preste atenção aos termos de uso do app; são suas informações pessoais.

UMA REFLEXÃO: AVALIE SE VALE A PENA COLOCAR TANTA INFORMAÇÃO PARA OBTER SÓ UMA OU DUAS RESPOSTAS: DATA DE OVULAÇÃO E DE MENSTRUAÇÃO.

NÃO HÁ NADA CONTRA O USO DE APLICATIVO, ELES SÃO UMA AJUDA POSITIVA, MAS NÃO SUBSTITUEM O AUTOCONHECIMENTO. PODE SER INTERESSANTE UTILIZÁ-LO PARA CONFERIR A SUA INTUIÇÃO.

O app é um sistema eletrônico que controla você, e não você se conectando consigo mesma.

PROCURE APRENDER E ENTENDER COMO É O SEU CICLO A PARTIR DO AUTOCONHECIMENTO E DAS DICAS E DOS SEGREDOS DE ALICE.

DESSA FORMA, NINGUÉM CONTROLA VOCÊ, SÓ VOCÊ MESMA!

segredosdealice

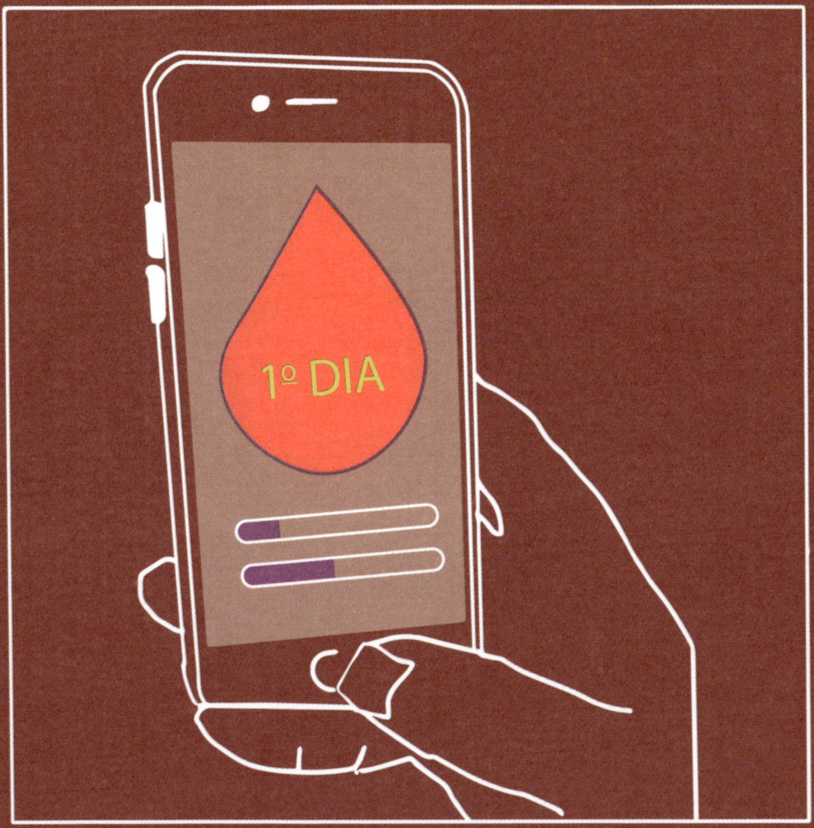

segredosdealice Existem milhares de aplicativos de controle do ciclo menstrual. Você coloca as suas informações e vai alimentando dia a dia a respeito do seu humor, da sua disposição, de inchaços, de dores nos seios, e ele prevê a fase do mês em que você está e avisa sobre o período provável da ovulação e da menstruação.

 **o_chapeleiro_maluco**

♡ ♠ ◊ ♣

segredosdealice O chá estava muito estranho. O Coelho Branco era arisco, e o Chapeleiro, confuso. Estava difícil para Alice conversar com eles.

coelho_branco_alice Tome mais um pouco de chá.

alice_supermaravilhosa Mas eu ainda não tomei nada, portanto eu não posso tomar mais.

o_chapeleiro_maluco Você quer dizer que não pode tomar menos, é mais fácil tomar mais do que nada.

"'Realmente, agora que você me pergunta', disse Alice, bem confusa, 'eu acho que não...'. 'Então você não deveria falar nada', disse o Chapeleiro. Esse tipo de grosseria era mais do que Alice conseguia suportar: ela se levantou muito brava e foi saindo."

AS GROSSERIAS DO CHAPELEIRO TINHAM "PASSADO DO PONTO". QUEM ERA ELE PARA FALAR DAQUELA FORMA COM ELA? MESMO QUE ELA FOSSE NOVA NAQUELE PAÍS ESTRANHO, MESMO QUE TIVESSE SE SENTADO À MESA DO CHÁ SEM UM CONVITE FORMAL, O CHAPELEIRO E O COELHO ERAM CHEIOS DE MANIAS. MANTINHAM CONVERSAS ENTRE ELES E ERAM DE POUCA SIMPATIA COM ELA. ALICE NÃO PRECISAVA FICAR ESCUTANDO DESAFORO. SENTI UM CLIMA DE BULLYING NESSE CHÁ, SERÁ?

HÁ LIMITES!

COMO VOCÊ REAGIRIA? TAMBÉM SE LEVANTARIA E IRIA EMBORA? A GENTE SEMPRE PRECISA TER PACIÊNCIA, AINDA MAIS EM UMA SITUAÇÃO POUCO CONHECIDA, MAS LEMBRE-SE: ANTES DE TOMAR QUALQUER ATITUDE, É PRECISO RECONHECER O AMBIENTE E AS PESSOAS QUE ESTÃO AO REDOR. É PRECISO AVALIAR TODAS AS SITUAÇÕES ANTES DE FAZER QUALQUER COISA, E É IMPORTANTÍSSIMO ESTABELECER OS NOSSOS LIMITES!

EM QUAL FASE DO CICLO FEMININO A GENTE TEM MAIS PACIÊNCIA E ESTÁ MAIS TOLERANTE? EM QUAL FASE É MAIS FÁCIL TER UMA ATITUDE IMPULSIVA? VOCÊ JÁ PENSOU NISSO?

As variações emocionais por que passamos nas diferentes fases do ciclo feminino nos ajudam a identificar coisas na vida que não estão indo bem e precisam ser mudadas. Quando uma situação traz um sentimento de medo, raiva, nojo, ansiedade, tristeza ou desconforto, procure conversar com alguém em quem você confie. Procure identificar o que você está sentindo e por que está sentindo isso. Você vai se sentir bem melhor depois.

"'Eu não volto lá de jeito nenhum!', disse Alice, enquanto abria caminho em direção à floresta. 'Foi o mais estúpido chá do qual participei em toda a minha vida!' Ao dizer isso ela percebeu que uma das árvores tinha uma porta que dava para seu interior. 'Que curioso!', ela pensou. 'Mas tudo está tão curioso hoje. Eu acho que posso muito bem entrar nessa árvore.' E entrou.

Uma vez mais ela encontrou-se naquela sala comprida e com a pequena mesa de vidro. 'Desta vez já sei como fazer', ela disse para si mesma e começou por apanhar a pequena chave dourada, depois abriu a porta que dava para o jardim. Só então ela pegou no seu bolso seus últimos pedacinhos poderosos para diminuir e mordiscou até que estivesse com mais ou menos 30 centímetros de altura: daí ela atravessou a pequena passagem e então... ela estava em um lindo jardim entre canteiros de flores resplandecentes e fontes de água fresca."

ALICE, FINALMENTE, ENCONTROU O JARDIM DAS MARAVILHAS.

A GENTE SE ACOSTUMA E SE ADAPTA A TUDO NA VIDA!

QUE INCRÍVEL! ALICE FINALMENTE ENTENDEU COMO AS COISAS FUNCIONAVAM. ELA JÁ ESTAVA DOMINANDO OS TRUQUES PARA ULTRAPASSAR TODAS AS BARREIRAS DAQUELE PAÍS. ALICE ESTAVA MAIS SEGURA DE SI MESMA E NÃO TOLERAVA DESAFOROS SÓ PARA AGRADAR AOS OUTROS OU FORÇAR UMA AMIZADE. **PALMAS PRA ELA!**

MAS CUIDADO... É PRECIPITADA TANTA CONFIANÇA... ESTA HISTÓRIA NÃO ACABOU... ALICE AINDA TEM ALGUNS DESAFIOS PELA FRENTE. O QUE IMPORTA É QUE ALICE ESTÁ INDO BEM.

"Alice ouviu um dos jardineiros dizer: 'Cuidado! Não jogue tinta em mim!' [...] 'Vocês poderiam dizer-me, por favor', disse Alice, um pouco timidamente, 'por que estão pintando estas rosas?' [...] 'Porque, de fato, você vê, Senhorita, esta deveria ser uma roseira vermelha, e nós plantamos uma roseira branca por engano, e, se a Rainha descobrir, nós todos seremos decapitados, sabe. Portanto, você vê, Senhorita, estamos fazendo o melhor possível, antes que ela chegue para...'"

ROSAS BRANCAS E ROSAS VERMELHAS

O QUE ELAS QUEREM NOS DIZER? NESTA HISTÓRIA, AS ROSAS VERMELHAS REPRESENTAM O CRESCIMENTO DO ENDOMÉTRIO E A MENSTRUAÇÃO. O QUE REPRESENTARIAM AS ROSAS BRANCAS?

A GENTE PODE IDENTIFICAR, NO CICLO REPRODUTIVO FEMININO, DOIS MOMENTOS BEM DIFERENTES UM DO OUTRO: O PRIMEIRO SERIA O CICLO BRANCO, UM ESFORÇO CONJUNTO DO CÉREBRO, DO ÚTERO E DOS OVÁRIOS PARA SE PREPARAREM PARA A OVULAÇÃO (o ciclo branco é a fase folicular). O SEGUNDO SERIA O CICLO VERMELHO (fase lútea), FASE DE IDENTIFICAÇÃO EM QUE O ÓVULO NÃO TEM MAIS VITALIDADE REPRODUTIVA E É NECESSÁRIA UMA PREPARAÇÃO FÍSICA E EMOCIONAL PARA LIBERAR TODA A ENERGIA QUE ESTÁ CONTIDA NESSE CICLO.

UMA DÚVIDA: SE O JARDIM DAS MARAVILHAS É O JARDIM DOS CICLOS FEMININOS, ROSAS BRANCAS SÃO O CICLO DA OVULAÇÃO E ROSAS VERMELHAS SÃO O CICLO DA MENSTRUAÇÃO, POR QUE A RAINHA DE COPAS QUER UM JARDIM SÓ DE ROSAS VERMELHAS?

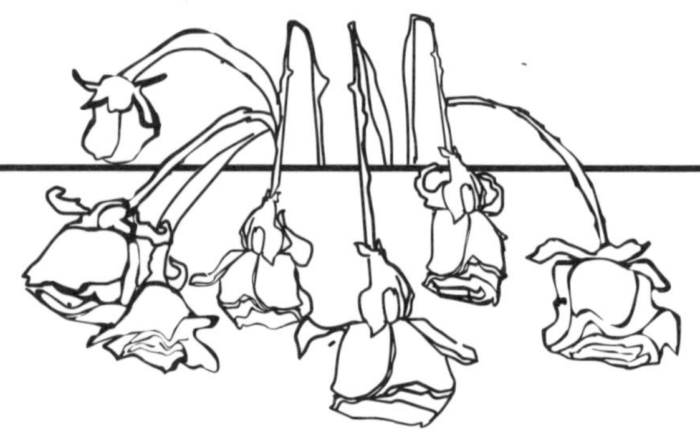

RAINHA DE COPAS, a rainha tirana do mundo subterrâneo, tem uma enorme cabeça, é impaciente e vive irritada. Costuma pedir a decapitação imediata dos seus súditos rebeldes; ela governa seu povo pelo medo. Dizem que "a Rainha tem problemas emocionais". Ela perde a pose com facilidade, é mimada, quer atenção, e seus chiliques são iguais aos de uma criança.

ALICE VAI ENFRENTAR **A RAINHA DE COPAS**,

QUE O TEMPO TODO ORDENA: **CORTEM-LHE A CABEÇA!**

 **rainha_de_copas**

♡ ♠ ◊ ♧

segredosdealice Quando o cortejo passou por Alice, todos pararam e olharam para ela. A Rainha disse, furiosa, “Quem é isso?”, dirigindo-se ao Valete de Copas, que apenas se curvou e sorriu.

rainha_de_copas E quem são esses?

alice_supermaravilhosa Como é que eu poderia saber? Não é da minha conta.

segredosdealice A Rainha ficou vermelha de raiva e, depois de encarar Alice por um momento, como uma fera selvagem, começou a gritar:

rainha_de_copas Cortem-lhe a cabeça! Cortem-lhe...

"'E então', ela pensou, 'o que irá acontecer comigo? Eles são loucos para cortar as cabeças por aqui. A grande dúvida é como ainda existe alguém vivo!'."

SABE AQUELE MOMENTO EM QUE A GENTE ESTÁ IRRITADA, COM ALTERAÇÃO DE HUMOR, SEM A MENOR PACIÊNCIA, SUPERDESCONFORTÁVEL? OU AQUELE MOMENTO EM QUE A GENTE EXPLODE E DIZ "DE HOJE NÃO PASSA, VOU TOMAR UMA ATITUDE"?

NA GRANDE MAIORIA DAS VEZES, ESSAS EXPLOSÕES COINCIDEM COM O PERÍODO PRÉ-MENSTRUAL.

VAMOS TENTAR OLHAR PARA O NOSSO CICLO E IMAGINAR QUANTA ENERGIA FÍSICA E EMOCIONAL FOI NECESSÁRIA PARA: ESTIMULAR OVÓCITOS; ESCOLHER O MAIS FORTE PARA AMADURECER COMO ÓVULO; LANÇÁ-LO DOS OVÁRIOS PARA SER RECOLHIDO PELAS TROMPAS E LEVADO ATÉ O ÚTERO. O CORPO LÚTEO GASTOU SEU ESTOQUE DE HORMÔNIOS PARA AJUDAR O ÚTERO NO CRESCIMENTO DO ENDOMÉTRIO; DEPOIS, AINDA AVISOU OS OVÁRIOS E O CÉREBRO DE QUE PRECISA SE DESFAZER DE TUDO E COMEÇAR DE NOVO. MAIS ENERGIA PARA LIBERAR ÓVULO, MUCO, ENDOMÉTRIO E FLUIDOS E FAZER O MIOMÉTRIO CONTRAIR O ÚTERO E O COLO, ABRINDO CAMINHO PARA A MENSTRUAÇÃO. E VOCÊ TENTA FINGIR QUE NÃO ESTÁ ACONTECENDO NADA... PROCURE ENTENDER O QUANTO SEU CORPO TRABALHA E ACREDITE QUE

NÓS ESPELHAMOS, NO LADO DE FORA DO CORPO, O QUE ACONTECE NO LADO DE DENTRO.

A RAINHA DE COPAS QUER UM JARDIM APENAS DE ROSAS VERMELHAS PORQUE ELAS ESTÃO ASSOCIADAS AO CICLO DA MENSTRUAÇÃO E AO MOVIMENTO DE ENCHER E ESVAZIAR DO ENDOMÉTRIO. A ENERGIA ACUMULADA, DURANTE TODO O MÊS, NA PREPARAÇÃO DOS CICLOS DA OVULAÇÃO E DA MENSTRUAÇÃO, ESTÁ NERVOSA PARA DESPETALAR E SAIR.

A RAINHA DE COPAS **REPRESENTA A TPM**.

SINTOMAS FÍSICOS (COMO SENTIR O CORPO INCHADO, A CABEÇA GRANDE, DOR DE CABEÇA, CÃIBRAS, FADIGA) E EMOCIONAIS (COMO UMA RAIVA INEXPLICÁVEL QUE SE ALTERNA COM MELANCOLIA) ESTÃO ASSOCIADOS AO PERÍODO PRÉ-MENSTRUAL. É MOMENTO DE REFLETIR MAIS A RESPEITO DAS COISAS.

MUITAS PESSOAS TRATAM A TPM (tensão pré-menstrual) COMO DOENÇA, FALANDO DE SINTOMAS E TRATAMENTOS, PORQUE É DIFÍCIL ENTENDER QUE O DESCONFORTO CARACTERÍSTICO É UM PROCESSO INTERNO DO CORPO DE JOGAR FORA O QUE NÃO SERVE MAIS FISICAMENTE. EMOCIONALMENTE TAMBÉM É UMA OPORTUNIDADE DE MUDARMOS AS COISAS QUE NOS INCOMODAM. ESSA É UMA FASE DE MORTE DE UM CICLO E RENASCIMENTO DE OUTRO – É O OUTONO DO CORPO.

Mas, se os sintomas forem desconfortáveis a ponto de atrapalhar a sua rotina, poderão estar associados a algum problema ou desequilíbrio hormonal, e é bom procurar um especialista.

rainha_de_copas

♡ ♠ ◇ ♧

rainha_de_copas Cortem-lhe a cabeça! Cortem-lhe...

águia_sábia É tudo fantasia dela. Na verdade eles nunca executaram ninguém, sabe?

alice_supermaravilhosa Besteira!

segredosdealice Quando a Rainha de Copas pede a decapitação imediata de seus súditos rebeldes, ela despetala sua enorme cabeça de rosa vermelha, sobrando só o miolinho da flor.

QUANDO VOCÊ PERCEBER QUE QUER A DECAPITAÇÃO IMEDIATA DAS PESSOAS À SUA VOLTA, PARE, **REFLITA**! É UM IMPULSO DOS HORMÔNIOS OU UMA MUDANÇA NECESSÁRIA?

ESPERA, RESPIRA E AVALIA!! SE, DEPOIS DE TER DADO UM TEMPO, VOCÊ CHEGAR À CONCLUSÃO DE QUE NÃO QUER MAIS VIVER OU CONVIVER EM UMA DETERMINADA SITUAÇÃO, APROVEITE UM MOMENTO MAIS TRANQUILO PARA RESOLVER O QUE PRECISA SER RESOLVIDO.

VANTAGENS DA TENSÃO PRÉ-MENSTRUAL: DURANTE ESSA FASE FICAMOS MAIS SENSÍVEIS E PERCEBEMOS COISAS QUE ANTES TALVEZ NÃO TENHAMOS NOTADO. ESTAMOS MAIS ATENTAS E PERSPICAZES. APESAR DE A NOSSA ENERGIA COMEÇAR A DIMINUIR POUCO A POUCO (por causa do intenso trabalho que o corpo está fazendo dentro de nós), FAZEMOS AS COISAS COM PRESSA. É UMA FASE MUITO CRIATIVA, E VOCÊ PODE TER IDEIAS INCRÍVEIS.

DICA: alimentos ricos em vitamina A (legumes de cor amarela) evitam espinhas. Se você reduzir o consumo de sal, açúcar, frituras e produtos industrializados, como refrigerante, comida congelada industrializada (chamada de ultraprocessada) e salgadinhos, você vai ficar menos inchada.

segredosdealice

segredosdealice Alice não precisa ter medo da Rainha de Copas, porque a rainha pode ser nós mesmas na TPM, quando não estamos no nosso próprio controle. Assim como o Coelho Branco, com sua rigidez e sua pressa, representa o nosso relógio biológico. O Ovo são os nossos ovócitos e óvulos dentro dos ovários, a nossa fábrica de sementes. O Chapeleiro Maluco é o nosso útero, que se enche e se esvazia todos os meses, em um esforço incrível para nos tornar mamíferas humanas. Às vezes, o nosso útero fica confuso e dolorido, quando não cuidamos de nós mesmas com a atenção que merecemos ou acumulamos muitas emoções sem resolver. A Lagarta é a maestra dessa incrível metamorfose hormonal, que nos leva a crescer, amadurecer e bater asas.

segredosdealice Brotar, florescer e despetalar, esse é o ciclo da vida, uma renovação contínua que acontece mensalmente dentro de nós. Os ciclos femininos duram mais de trinta anos. Eles não servem apenas para reprodução; eles são uma oportunidade de renovação ao passarmos por todas as “estações do ano” todos os meses e nos conectarmos ao universo por meio da lua. Ciclar é um caminho para crescer, aprender e, principalmente, recomeçar. Vamos aproveitar as oportunidades e os momentos favoráveis de cada uma das fases do ciclo! Nós temos tantas preocupações com o nosso planeta e o mundo exterior, vamos também cuidar do nosso universo interior, pois, além de estar ao nosso alcance, só depende de nós mesmas.

“‘Era bem melhor em casa, pensou Alice’, ‘ninguém fica crescendo e diminuindo, e recebendo ordens de ratos e coelhos. Eu quase desejo não ter entrado na toca do coelho... mas, mas, é tão curioso... sabe, esse tipo de vida! Eu queria saber o que pode ter acontecido comigo. Quando eu lia contos de fada, ficava imaginando que esse tipo de coisas nunca acontece e agora estou aqui no meio de um! Deveria haver um livro escrito sobre mim, deveria sim! E, quando eu crescer, eu vou escrever um... mas... eu já cresci...’, ela continuou com uma vozinha triste, ‘não há mais espaço para eu crescer aqui’.”

SIM, ALICE, HÁ MUITO ESPAÇO PRA VOCÊ!

COMECE CONQUISTANDO O MUNDO

DAS MARAVILHAS

HABITANDO SEU PRÓPRIO CORPO

E AMANDO SEU PRÓPRIO CORPO.

DEPOIS, CONQUISTE O MUNDO.

REFERÊNCIAS

BOSTON WOMEN'S HEALTH BOOK COLLECTIVE (BWHBC); NORSIGIAN, J. **Our bodies, ourselves**. New York: Simon & Schuster, 2011.

DIAMANT, A. **A tenda vermelha**. Campinas: Verus, 2018.

DINIZ, S. G. **Fique amiga dela**: dicas para entender a linguagem de suas partes mimosas. São Paulo: Coletivo Feminista Sexualidade e Saúde, 2003.

GRAY, M. **Lua vermelha**. São Paulo: Pensamento, 2017.

KOSS, M. von. **Rubra força**: fluxos do poder feminino. São Paulo: Escrituras, 2004.

MCLACHLAN, R. I. *et al.* Circulating immunoreactive inhibin levels during the normal human menstrual cycle. **The Journal of Clinical Endocrinology & Metabolism**, v. 65, n. 5, p. 954-962, 1 nov. 1987.

SAN MARTÍN, P. P. **Manual de introdução à ginecologia natural**. 2. ed. [*S. l.*]: Ginecosofia, 2020.

SCIENTIFIC AMERICAN. **Inconceivable**: the science of women's reprodutive health has huge gaps. What we dont't know is hurting all of us, p. 37, v. 320, n. 5, maio 2019.

VIGIL, P. **Uniendo ciencia básica y educación sexual**. [*S. l.*]: BioPlanet, 2005.

VIGIL, P.; RIQUELME, R.; PEIRONE, A. Teen Star: an option for maturity and freedom. *In*: VIAL CORREA, J. D.; SGRECCIA, E. **Natura e dignità della persona umana a fondamento del diritto alla vita**. Le sfide del contesto culturale contemporâneo. Città del Vaticano: Libreria Editrice Vaticana, 2002.

ÍNDICE REMISSIVO

ADMINISTRAÇÃO REGIONAL DO SENAC NO ESTADO DE SÃO PAULO
Presidente do Conselho Regional: Abram Szajman
Diretor do Departamento Regional: Luiz Francisco de A. Salgado
Superintendente Universitário e de Desenvolvimento: Luiz Carlos Dourado

EDITORA SENAC SÃO PAULO
Conselho Editorial: Luiz Francisco de A. Salgado
Luiz Carlos Dourado
Darcio Sayad Maia
Lucila Mara Sbrana Sciotti
Luís Américo Tousi Botelho

Gerente/Publisher: Luís Américo Tousi Botelho
Coordenação Editorial/Prospecção: Dolores Crisci Manzano e Ricardo Diana
Administrativo: grupoedsadministrativo@sp.senac.br
Comercial: comercial@editorasenacsp.com.br

Edição e Preparação de Texto: Vanessa Rodrigues
Revisão de Texto: Ana Luiza Candido
Ilustrações, Projeto Gráfico e Capa: Bia Fioretti
Editoração Eletrônica: Manuela Ribeiro
Impressão e Acabamento: Rettec

Editora Senac São Paulo
Rua 24 de Maio, 208 – 3º andar
Centro – CEP 01041-000
Caixa Postal 1120 – CEP 01032-970
São Paulo – SP
Tel. (11) 2187-4450 – Fax (11) 2187-4486
E-mail: editora@sp.senac.br
Home page: http://www.livrariasenac.com.br

Dados Internacionais de Catalogação na Publicação (CIP)
(Jeane Passos de Souza – CRB 8ª/6189)

Fioretti, Bia [Beatriz Fioretti-Foschi]
Os segredos de Alice no país das maravilhas : uma viagem através do corpo feminino – hormônios, menstruação e autoconhecimento / Bia Fioretti [Beatriz Fioretti-Foschi]. São Paulo : Editora Senac São Paulo, 2021.

Bibliografia.
ISBN 978-65-5536-589-4 (Impresso/2021)
ISBN 978-65-5536-590-0 (ePub/2021)
ISBN 978-65-5536-591-7 (PDF/2021)

1. Adolescentes – Crescimento 2. Adolescência feminina – Fisiologia 3. Puberdade – Literatura infantojuvenil 4. Ciclos reprodutivos femininos 5. Hormônios femininos I. Fioretti, Bia II. Fioretti-Foschi, Beatriz III. Título.

21-1250t CDD – 612.66
028.5
371.714
BISAC HEA024000
JNF053010
EDU029070

Índices para catálogo sistemático:
1. Adolescentes : Crescimento 612.66
2. Adolescência feminina : Puberdade : Literatura infantojuvenil 028.5
3. Adolescência feminina : Educação : Saúde e sexualidade 371.714